BREVE HISTÓRIA
DOS CONCÍLIOS ECUMÊNICOS

Dados Internacionais de Catalogação na Publicação (CIP)
(Câmara Brasileira do Livro, SP, Brasil)

Abadías, David
    Breve história dos concílios ecumênicos / David Abadías ; tradução de Renato Adriano Pezenti. – Petrópolis, RJ : Vozes, 2019.

    Título original: Breve historia de los concilios ecuménicos
    Bibliografia.
    ISBN 978-85-326-6059-6

    1. Concílios ecumênicos e sínodos – História I. Título.

19-23781   CDD-262.52

Índices para catálogo sistemático:
1. Concílios ecumênicos : Igreja Católica : História
262.52

Cibele Maria Dias – Bibliotecária – CRB-8/9427

DAVID ABADÍAS

BREVE HISTÓRIA
DOS CONCÍLIOS ECUMÊNICOS

Tradução de Renato Adriano Pezenti

© 2017 CENTRE DE PASTORAL LITÚRGICA.

Título do original em espanhol: *Breve historia de los concilios ecuménicos*.

Direitos de publicação em língua portuguesa – Brasil:
2019, Editora Vozes Ltda.
Rua Frei Luís, 100
25689-900 Petrópolis, RJ
www.vozes.com.br
Brasil

Todos os direitos reservados. Nenhuma parte desta obra poderá ser reproduzida ou transmitida por qualquer forma e/ou quaisquer meios (eletrônico ou mecânico, incluindo fotocópia e gravação) ou arquivada em qualquer sistema ou banco de dados sem permissão escrita da editora.

CONSELHO EDITORIAL

Diretor
Gilberto Gonçalves Garcia

Editores
Aline dos Santos Carneiro
Edrian Josué Pasini
Marilac Loraine Oleniki
Welder Lancieri Marchini

Conselheiros
Francisco Morás
Ludovico Garmus
Teobaldo Heidemann
Volney J. Berkenbrock

Secretário executivo
João Batista Kreuch

Editoração: Maria da Conceição B. de Sousa
Diagramação: Sheilandre Desenv. Gráfico
Revisão gráfica: Editora Vozes
Capa: Érico Lebedenco

ISBN 978-85-326-6059-6 (Brasil)
ISBN 978-84-9805-975-5 (Espanha)

Editado conforme o novo acordo ortográfico.

Este livro foi composto e impresso pela Editora Vozes Ltda.

Sumário

Os concílios ecumênicos da Igreja, 7
I Concílio de Niceia (325), 9
I Concílio de Constantinopla (381), 15
I Concílio de Éfeso (431), 21
I Concílio de Calcedônia (451), 27
II Concílio de Constantinopla (553), 33
III Concílio de Constantinopla (680-681) e o Concílio de Trullo (692), 39
II Concílio de Niceia (787), 45
IV Concílio de Constantinopla (869-870), 51
I Concílio de Latrão (1123), 57
II Concílio de Latrão (1139), 63
III Concílio de Latrão (1179), 69
IV Concílio de Latrão (1215), 75
I Concílio de Lyon (1245), 81
II Concílio de Lyon (1274), 87
Concílio de Viena (1311-1312), 93
Concílio de Constança (1414-1418), 99
Concílio de Basileia-Ferrara-Florença (1431-1445), 105
V Concílio de Latrão (1512-1517), 111

Concílio de Trento (1545-1563), 117
Concílio Vaticano I (1869-1870), 123
Concílio Vaticano II (1962-1965), 129
Referências, 135

Os concílios ecumênicos da Igreja

1) 325 – I Concílio e Niceia
2) 381 – I Concílio de Constantinopla
3) 431 – I Concílio de Éfeso
4) 451 – I Concílio de Calcedônia
5) 553 – II Concílio de Constantinopla
6) 680-681 – III Concílio de Constantinopla
7) 787 – II Concílio de Niceia
8) 869-870 – IV Concílio de Constantinopla
9) 1123 – I Concílio Lateranense
10) 1139 – II Concílio Lateranense
11) 1179 – III Concílio Lateranense
12) 1215 – IV Concílio Lateranense
13) 1245 – I Concílio de Lyon
14) 1274 – II Concílio de Lyon
15) 1311-1312 – Concílio de Viena
16) 1414-1418 – Concílio de Constança
17) 1431-1445 – Concílio de Basileia-Ferrara-Florença
18) 1512-1517 – V Concílio Lateranense
19) 1545-1563 – Concílio de Trento
20) 1869-1870 – Concílio Vaticano I
21) 1962-1965 – Concílio Vaticano II

I Concílio de Niceia (325)

Celebrado na cidade de Niceia (Ásia Menor) entre 20 de maio e 25 de julho (*ca.*) do ano de 325. Convocado pelo Imperador Constantino (306-337) durante o pontificado de Silvestre I (314-335). Participantes: 318 padres conciliares. Contém 20 cânones. Temática: proclamação do Símbolo de Fé contra os erros do arianismo; proclamação da consubstancialidade do Filho com o Pai.

Antecedentes

As ideias de Ário têm suas raízes no século anterior (século III) no qual já encontramos diversas opiniões teológicas, algumas muito deficitárias e incompletas sobre a substância do *Logos*. Ário, se poderia dizer, foi a consequência final destas reflexões iniciadas algumas décadas antes. E Alexandria era a cidade perfeita para que estas reflexões se desenvolvessem. Junto com Antioquia, a escola cristã de Alexandria reunia uma grande quantidade de professores e teólogos, sendo um canteiro de novas doutrinas, nem todas ortodoxas. Segundo nos diz Epifânio (*Panarion* II/II 69,3: PG 42,205), Ário era o pároco da Igreja de Baucalis (perto de Alexandria) e tinha inclinações pela dialética e a exegese. Ário, ao que parece, nasceu na Líbia no ano de 256. Em 280 estava estudando em Antioquia. No início do século IV, Ário retornou a Alexandria, onde, a partir do ano de 313, um novo bispo é empossado, Alexandre, educado na *Didaskaleion* (escola cristã) da cidade onde Clemente, Orígenes e Dionísio foram mestres ilustres.

Ao que parece, a primeira disputa entre Ário e o Bispo Alexandre começou por volta do ano de 318. Alexandre convocou o clero para debater publicamente as ideias de Ário. A disputa foi dura. A partir daí o conflito só se agravou. Por volta do ano de 320, Alexandre convocou um sínodo local no qual compareceram uma centena de bispos. Ário reafirmou suas ideias que defendem que o Filho é posterior ao Pai. O *agénnètos* (o *não gerado*) que é Deus Pai, deve ser anterior ao Verbo, pois, caso contrário, haveria dois "não gerados" sem princípio, rompendo, assim, a unidade de Deus. Portanto, houve um tempo no qual o verbo não existia. O sínodo excomungou Ário e os seus seguidores. No seu exílio, Ário encontrou simpatizantes de suas ideias entre diversos bispos influentes na corte, como Eusébio de Cesareia e Eusébio de Nicomédia. Ário acumula defensores e opositores em número suficiente para fazer com que esta disputa inicial da Igreja alexandrina se torne um problema para toda a região. De fato, convocou-se um sínodo em Antioquia no final do ano de 324 ou início de 325, no qual se reuniram bispos da Palestina, Fenícia, Líbia, Capadócia e Arábia e no qual se condenaram as ideias de Ário. Contudo, a divisão das Igrejas não foi solucionada e finalmente o Imperador Constantino, assessorado por Ósio de Córdoba, convocou um concílio ecumênico para tratar com profundidade da disputa sobre a divindade do Verbo que havia posto sob ameaça a paz de todo o oriente cristão.

Celebração do concílio

O primeiro concílio ecumênico (*oikumene* = terra habitada) foi convocado pelo Imperador Constantino para solucionar as controvérsias que assolavam a Igreja naquele tempo: a divisão e a tensão criadas pelas teses de Ário e a necessidade de estabelecer uma data comum para a celebração da Páscoa. O lugar escolhido para as sessões conciliares foi o palácio imperial de verão situado na cidade de Niceia (Bitínia). O imperador autorizou os bispos participantes a utilizarem o *cursus publicus* (as vias romanas reservadas para uso dos correios imperiais) para que pudessem chegar com rapidez e comodidade ao concílio. Apesar de o número de participantes ser fixado em 318 padres conciliares, seguramente esse número tem uma conotação mais simbólica que real, fazendo referência aos 318 servos de Abraão (Gn 14,14). Segundo Eusébio de Cesareia, foram 250 os bispos participantes (*Vida de constantino*, livro III, 8), sem contar sacerdotes, diáconos e acólitos. A procedência dos participantes era muito variada: o próprio Eusébio nos indica que vieram da Síria, Cilícia, Fenícia, Arábia, Palestina, Egito, Espanha e Roma. O Papa Silvestre não pôde participar, já que sua idade tornava a viagem difícil, mas enviou seus representantes, que sempre ocuparam lugar de honra nas sessões. Contudo, o número final de bispos vindos da zona ocidental do império era de apenas 5, entre os quais o Bispo Ósio de Córdoba (256-357), conselheiro do Imperador Constantino, que muitas vezes presidiu as sessões conciliares.

Reunidos em uma sala do palácio real, as sessões aconteceram entre os dias 22 de maio e 25 de julho de 325. O imperador presidiu a inauguração do concílio assim como um jantar oferecido no palácio para todos os participantes. A principal mensagem de Constantino foi a paz e a unidade da Igreja, que ele esperava que se alcançasse com esse concílio. Depois, as sessões foram presididas pelos próprios bispos com liberdade de movimento, palavra e decisão. Muitos dos bispos participantes tinham sofrido as perseguições dos anos anteriores sob Diocleciano e Maximiano (305-311), e carregavam as marcas das torturas sofridas pela defesa da fé. Foi um concílio no qual a maioria dos participantes tinha sofrido na sua própria carne a perseguição pela fé, portanto, eram pessoas de comprovada fidelidade.

O tema mais complexo a ser tratado eram as teses de Ário sobre a relação entre o Pai e o Filho. Ário defendia que o Filho estava subordinado ao Pai e que era uma criação inferior. O próprio Ário expôs suas ideias junto a 17 de seus seguidores, o mais conhecido dos quais foi o Bispo Eusébio de Nicomédia (que posteriormente será aquele que administrará o batismo ao Imperador Constantino no seu leito de morte).

O partido contrário era liderado pelo Bispo Marcelo de Ancira, Eustáquio de Antioquia, Alexandre de Alexandria e o diácono alexandrino Atanásio (futuro bispo da sede alexandrina). Este grupo, partindo do símbolo de fé da Igreja de Cesareia, elaborou o que será conhecido com o nome de Símbolo de Fé Niceno (ou dos bispos). Nesse se evitava explicitamente qualquer admissão de subordinação do Filho em relação ao Pai: Deus de Deus, Luz da Luz, Deus verdadeiro de Deus verdadeiro, gerado, não criado, da mesma natureza do Pai (*homoúsion to Patrí* = consubstancial ao Padre). Além de elaborar este Símbolo inequivocamente antiariano o concílio condenou as teses de Ário. Em 19 de junho de 325, quando o concílio adotou o novo Símbolo, teve apenas os votos negativos de Ário e de dois outros bispos, que foram excluídos da comunhão da Igreja. O novo símbolo foi promulgado como lei imperial pelo Imperador Constantino.

Então, o concílio passou a tratar outros temas como a datação da festa da Páscoa. O concílio determinou que a festa da Páscoa seria fixada a cada ano no domingo seguinte à primeira lua cheia da primavera. O Imperador Constantino conferiu a esta datação a categoria de lei imperial. Ainda hoje esta é a contagem empregada para fixar anualmente a Festa da Páscoa.

Finalmente também se tratou o tema dos *lapsi* (cristãos que durante as perseguições fraquejaram e que agora pediam para serem readmitidos à comunidade cristã). Havia diferentes pareceres entre os padres conciliares (recordemos que muitos deles tinham sofrido torturas defendendo a fé que muitas vezes incluíam mutilações). O setor mais intransigente era liderado pelo Bispo Melécio de Licópolis, enquanto o grupo mais conciliador era liderado por Alexandre de Alexandria. Por fim, o grupo menos rigorista se impôs e o cânon 11 indica que os *lapsi* podem ser readmitidos à comunidade tendo cumprido uma penitência estabelecida (que durava doze anos e tinha três graus diferentes). Também foram tratados temas de organização e liturgia, como por exemplo o cânon 4 que indica que o clero ordenado célibe já não podia mais contrair matrimônio (costume oriental ainda hoje em prática). O concílio tratou também de outros temas menores.

Consequências

Niceia tinha marcado claramente um antes e um depois a respeito das temáticas tratadas, mas durante os anos posteriores alguns acontecimentos farão com que esta certeza seja abalada a ponto de necessitar ser novamente confirmada em outro concílio. O primeiro sinal dos futuros problemas foi a existência de um grupo de bispos ainda simpatizantes das ideias arianas liderado pelo Bispo Eusébio de Nicomédia. O segundo sinal de preocupação foi a pouca preparação teológica do Imperador Constantino e sua fácil deriva entre uma tendência e outra, de acordo com quem o aconselhava. Enquanto o Bispo Ósio de Córdoba esteve junto dele, os decretos e o símbolo de Niceia foram implantados em toda a Igreja, no entanto, quando Ósio voltou ao Ocidente, seu lugar foi ocupado por um bispo filoariano, Eusébio de Nicomédia, e começou uma campanha contra Atanásio de Alexandria e os defensores nicenos de maior destaque. A primeira conquista foi o exílio do Bispo Atanásio (o qual aproveitou para escrever a vida de Santo Antão, obra que deixará grande contribuição para o conhecimento do monaquismo no Ocidente), e posteriormente conseguiram com que Ário fosse readmitido à comunhão da Igreja. Isso levou a uma nova divisão interna. No Ocidente se protestava contra a destituição de Atanásio e a readmissão de Ário, enquanto no Oriente se buscava uma nova fórmula que evitasse o termo *homoúsion to Patrí*, buscando um novo conceito como "parecido", "parecido em tudo", ou "de substância parecida" ao Pai. Durante aqueles anos foram celebrados diversos concílios e sínodos locais sem que se chegasse a um acordo. (Sárdica, em 342, Rimini e Selêucia em 359...) O resultado era sempre o mesmo: o Ocidente se mantinha fiel a Niceia e o Oriente estava dividido entre filoarianos e os defensores dos nicenos. O novo Imperador Constantino II (337-361) tomou abertamente partido pelos filoarianos chegando a ameaçar os papas Júlio I (337-352) e Libério (352-366) se não aderissem às fórmulas filoarianas que ele pretendia impor ao império. Após sua morte, Constantino foi substituído por Juliano o Apóstata (361-363), que renunciou ao cristianismo e quis devolver o império ao paganismo. Sua morte prematura acabou com esse plano. O novo Imperador Valentiniano (364-375) continuou favorecendo ao semiarianismo, mas também não conseguiu mudar o parecer dos católicos nicenos. A aparição dos três grandes teólogos capadócios nicenos: Gregório de Nazianzo, Gregório de Nissa e Basílio de Cesareia fez com que, através de suas contribuições, o credo de Niceia se tornasse mais compreensível: uma substância, três pessoas. Isto fez com que muitos abandonassem o semiarianismo para voltar à fé de Niceia. Apesar de tudo, as feridas e tensões eram tão fortes que obrigaram o novo Imperador Teodósio (379-395) a convocar um novo concílio ecumênico para solucionar definitivamente estas controvérsias.

I Concílio de Constantinopla (381)

Celebrado na cidade de Constantinopla entre os meses de maio e de julho de 381. Convocado pelo Imperador Teodósio (379-395) durante o pontificado de Dâmaso I (379-384). Participantes: cerca de 150 padres conciliares. Contém quatro cânones. Temática: proclamação do Símbolo de Fé Niceno-constantinopolitano. Defende e proclama a divindade do Espírito Santo. Condena definitivamente o arianismo e o messiarianismo.

Antecedentes

Apesar da vitória do partido antiariano no Concílio de Niceia, durante os últimos anos de sua vida Constantino manteve uma política ambígua que permitiu aos filoarianos retomarem posições e influência dentro da corte do império. Após a morte de Constantino, sob os reinados de Constantino II (337-361) e Valentiniano (364-378), os filoarianos fortaleceram sua posição, enquanto os defensores de Niceia sofreram perseguição e exílio. Na verdade, parecia que as ideias de Ário acabaram se impondo, apesar das condenações do primeiro concílio ecumênico celebrado em Niceia. O grupo dos defensores da fé de Niceia, liderados pelo Bispo Atanásio de Alexandria, avançou na doutrina cristológica do *homousios*. Junto com Atanásio, os padres capadócios (Basílio de Cesareia, Gregório de Nissa e Gregório Nazianzeno) e outros teólogos orientais como Apolinário de Laodiceia elaboraram estudos e tratados sobre a Trindade e sobre a cristologia defendendo as teses de Niceia. Alguns desses autores, na sua defesa da divindade de Cristo, extrapolaram suas teses, radicalizando-as de tal modo que deram origem a novos desvios cristológicos (menosprezando a natureza humana de Cristo), como foi o caso do próprio Apolinário de Laodiceia, que terá suas obras condenadas nos sínodos de Roma (374 e 377), de Antioquia (379) e no Concílio de Constantinopla (381).

Em meio à polêmica cristológica entre os defensores e os adversários de Niceia surgiu um segundo problema teológico que o I Concílio de Constantinopla solucionaria: um novo grupo liderado pelo Bispo Macedônio I de Constantinopla chamado *pneumatomakhi* (adversários do Espírito Santo) ou *macedonianos*, que negavam a natureza divina do Espírito Santo. O concílio teve que tratar também deste desvio e proclamar a divindade da terceira pessoa da Trindade.

Finalmente, o concílio tinha ainda um terceiro problema a tratar: a dignidade da segunda Roma (a cidade de Constantinopla) frente às outras Igrejas patriarcais (Alexandria, Antioquia, Jerusalém e sobretudo Roma). Era necessário reconhecer uma posição única e especial à nova capital do império oriental. Um tema menor, mas não sem importantes consequências políticas e religiosas.

CELEBRAÇÃO DO CONCÍLIO

O I Concílio de Constantinopla foi sobretudo um concílio oriental, apesar de ter um caráter ecumênico. Os 150 padres presentes eram todos orientais. Não havia um sequer do Ocidente, inclusive o próprio Papa Dâmaso não compareceu e tampouco enviou representantes. Na verdade, o Ocidente estava celebrando o seu próprio concílio em Aquileia (primavera de 381). Sobre este concílio celebrado na cidade de Aquileia sabemos muito pouco.

O concílio promovido e patrocinado pelo Imperador Teodósio foi presidido pelo patriarca de Antioquia, Melécio. O novo patriarca de Constantinopla, Gregório Nazianzeno, que havia substituído o Patriarca Macedônio acusado de heresia contra a divindade do Espírito Santo, também participou, e o patriarca de Jerusalém, Cirilo, autor de algumas catequeses mistagógicas esplêndidas.

As primeiras sessões do concílio foram orientadas a reconduzir os macedonianos à ortodoxia, os quais não aceitaram a reconciliação e, por fim, abandonaram o concílio. Assim, o primeiro cânon do concílio indicou quais grupos estavam fora da comunhão com a Igreja e, consequentemente, assinalados como hereges: os arianos, os semiarianos, os sabelianos, os macedonianos, os fotinianos e os apolinários.

Pouco depois o Patriarca Melécio de Antioquia (que presidia o concílio) morreu, e foi substituído na presidência pelo patriarca de Constantinopla, Gregório Nazianzeno. A sucessão de Melécio na cátedra antioquena provocou um forte enfrentamento entre dois candidatos. Gregório Nazianzeno tomou partido por Paulino, mas o concílio o rejeitou e elegeu um sacerdote muito próximo de Melécio, chamado Flaviano. Como consequência disso, Gregório Nazianzeno, para evitar mais tensões dentro da aula conciliar, declinou da presidência do concílio e do patriarcado de Constantinopla, sendo substituído por Nectário, que conduziu o concílio até seu término.

O primeiro cânon do concílio não apenas indicou quais eram os grupos hereges (já citados), mas, de modo especial, renovou o Símbolo de Fé de Niceia. Assim, estava encerrado o debate sobre o tema do semiarianismo e também qualquer ataque contra a natureza divina do Espírito Santo (macedonianos) ou sobre a natureza humana de Cristo (apolinarismo).

No terceiro cânon se confere ao bispo de Constantinopla uma posição especial entre as Igrejas patriarcais (sobretudo por sua realidade política dentro do império), e lhe é conferido um lugar de honra depois da sede de Roma. Contudo, este terceiro cânon não será aceito por Roma (apesar de que as demais resoluções conciliares serão plenamente aceitas pelo Ocidente).

O principal fruto deste concílio é o que se conhece como Símbolo Niceno-constantinopolitano. Este Símbolo é a profissão de fé batismal recomendada pelo Bispo Epifânio de Constança, e que provavelmente era proclamado na Igreja de Jerusalém. Em sua primeira parte é praticamente idêntico ao Credo de Niceia, enquanto na segunda parte se manifesta explicitamente a confirmação da natureza divina do Espírito Santo.

Este símbolo de fé foi aceito por toda a Igreja do Oriente e, depois de poucos anos, também a Igreja do Ocidente começou a empregá-lo como próprio, tornando-se a partir do século V o símbolo de fé comum das Igrejas gregas e latinas.

Mas, desse concílio nos chegam também maus frutos: os cânones segundo e terceiro nos apresentam uma nova imagem da organização da Igreja. No cânon segundo se indica que nenhum bispo pode intervir nos assuntos internos de outra Igreja. As questões de uma região devem ser resolvidas em um sínodo regional. As regiões eclesiásticas são identificadas com as regiões civis (Egito, Oriente, Ásia, Ponto e Trácia).

A decisão de dar este passo levou muito em conta o desejo e a intervenção do Imperador Teodósio. Dentro deste cânon se implanta a ideia política de que a sede de Constantinopla terá um Primado de Honra depois da sede de Roma. Teodósio coloca a sede de Constantinopla acima das de Alexandria, Antioquia e Jerusalém. Isto implicará futuras tensões, especialmente com a sede de Roma.

Finalmente, o quarto cânon se endereça contra Máximo de Alexandria, um pretendente ao patriarcado de Constantinopla que foi eleito de forma fraudulenta por bispos egípcios. Parece que era um homem de grandes qualidades e de certo destaque intelectual (elaborou diversos escritos contra o arianismo que foram apreciados por Ambrósio de Milão) e, antes de se mostrar como uma personalidade intrigante, o próprio Gregório Naziazeno o elogiou publicamente em um sermão. De qualquer modo, o concílio finalmente se pronunciou contrário à sua consagração, declarando nulas e inválidas todas as ações e ordens feitas posteriormente por Máximo.

Consequências

O I Concílio Ecumênico de Constantinopla desferiu o golpe derradeiro contra as teses arianas e semiarianas. Os campeões da ortodoxia no Oriente foram Gregório de Nissa, Gregório Nazianzeno, Cirilo de Jerusalém, Anfíloco de Icônia, Diodoro de Tarso, Epifânio de Constança e Dídimo de Alexandria. Poucos anos antes da vitória do I Concílio de Constantinopla, dois de seus grandes artífices tinham falecido: Basílio de Cesareia e Atanásio de Alexandria. Todos estes padres conciliares defenderam e fortaleceram a cristologia e a teologia trinitária que sofria graves ataques doutrinários. Restabeleceram a unidade e a ortodoxia e construíram os fundamentos teológicos sobre os quais foi elaborada toda a reflexão posterior, fixando o Símbolo de Fé Niceno-constantinopolitano.

O concílio foi encerrado em 9 de julho de 381, e foi sinal de um fortalecimento e renascimento da Igreja nicena do Oriente.

O Imperador Teodósio enviou uma carta a todos os governadores e vicários das províncias do império, indicando que todos os bispos deveriam estar em comunhão com a ortodoxia conciliar e ordenando a expulsão de todos os bispos simpatizantes do arianismo.

O Bispo Ambrósio de Milão viu em todas essas ações uma intromissão intolerável do poder civil sobre a vida da Igreja e, efetivamente, expressou seu desacordo tanto na eleição do Bispo Flaviano de Antioquia (eleição esta que provocou a demissão de Gregório Nazianzeno) quanto na eleição de Nectário de Constantinopla (que substituiu Gregório quando este declinou da sua cátedra). Ambrósio via nessas ações uma interferência do poder civil sobre a vida interna da Igreja. Interferência que o bispo de Milão desaprovava completamente. Propôs reunir uma nova assembleia ecumênica em Roma (ou seja, dentro do território imperial controlado por Graciano, e não por Teodósio), para poder celebrar o concílio sem a sombra do Imperador Teodósio. De fato, no ano de 382 foram convocadas duas reuniões de bispos, uma no Oriente (novamente em Constantinopla) e outra no Ocidente (em Roma). As duas partes mantiveram um diálogo aberto e fraterno no qual se confirmava a maior parte do que fora acordado no I Concílio de Constantinopla do ano anterior, aceitando, ambas as partes, os cânones, à exceção do cânon 3º, no qual, da parte de Roma se designa que a hierarquia da Igreja não depende de elementos políticos e que, portanto, a sede principal é Roma e a segunda Alexandria, evangelizadas por Pedro e por Marcos, respectivamente.

Apesar destas tensões posteriores deve-se dizer que depois do I Concílio de Constantinopla a Igreja se sentiu mais unida, mais fortalecida e com um marcado e claro sinal de universalidade que condicionará fortemente seu desenvolvimento histórico.

I Concílio de Éfeso (431)

Celebrado na cidade de Éfeso (Ásia Menor), foi aberto em 22 de junho de 431 pelo Bispo Cirilo de Alexandria, que, além de presidir o concílio, era representante do papa. Seu encerramento se deu em 25 de outubro do ano de 431. Entre os convocados estava o Bispo Agostinho de Hipona, que não pôde comparecer, pois morreu alguns meses antes em sua cidade (que estava sendo assediada pelos vândalos). Foi convocado pelo Imperador Teodósio II (408-432), durante o pontificado de Celestino I (422-432). Os participantes foram todos padres orientais, à exceção dos três enviados papais e dos clérigos africanos. O número de participantes foi superior a 200 bispos. Contém 6 cânones. Temática: proclamação da Virgindade de Maria como *Theotokos* (Mão de Deus), e a condenação das teses nestorianas. O concílio foi um enfrentamento entre as escolas teológicas das Igrejas de Alexandria (defensoras do termo *Theotokos*) e da Igreja antioquena (com o apoio de Nestório, bispo de Constantinopla) que defendia uma teologia da encarnação diferente. Deste concílio se conservam as atas e uma grande quantidade de cartas, que nos permitem acompanhar o seu desenvolvimento melhor do que dos concílios ecumênicos anteriores.

Antecedentes

Os antecedentes deste concílio podem ser contextualizados por volta do ano 428 e, mais concretamente, pontuados no enfrentamento entre duas escolas (a de Alexandria e a de Antioquia) e no antagonismo entre dois bispos, Cirilo de Alexandria e Nestório de Constantinopla (apoiado pela escola antioquena). A temática de fundo da controvérsia era cristológica. Ao longo do século IV, dois tipos de cristologia foram se configurando, cujas promotoras eram as duas escolas teológicas mais importantes da época: Antioquia e Alexandria.

A escola de Antioquia (fundada por Luciano de Samósata) é mais racionalista e utiliza uma exegese mais literalista. Antioquia centra-se mais sobre o *homem-Deus*, com uma argumentação muito radicalizada pela controvérsia enfrentada anteriormente contra as teses de Apolinário (que negava a alma em Cristo). Esta cristologia do *homem-Deus*, que foi bastante desenvolvida por Teodoro de Mopsuéstia, encontrou no patriarca de Constantinopla, Nestório, seu grande promotor. O seu risco ao dar tanto destaque à dimensão humana de Cristo era o de desvalorizar tanto a união das duas naturezas que ao final soaria apenas como uma união moral. Desta escola surgiu não apenas Diodoro de Tarso ou o grande exegeta Teodoro de Mopsuéstia (falecido em 428), mas também surgirá o futuro patriarca e grande pregador João Crisóstomo.

A Escola de Alexandria, por sua vez (que venerava Orígenes e Alexandre como seus fundadores), era mais mística, e sua exegese era mais espiritualista. Seu método de trabalho era mais platônico. De suas salas de aula surgiram os padres capadócios e o próprio Atanásio, os grandes defensores de Niceia. Eles trabalhavam mais o conceito do *Verbo feito homem*. Cirilo de Alexandria (bispo a partir do ano 412) era um grande promotor das ideias da escolada da sua cidade e defendia fortemente a união da divindade e da humanidade de Cristo (sob o risco de anular a humanidade de

Cristo, absorvida por sua divindade, e dando origem a uma união ou "confusão" entre as duas naturezas).

Portanto, o conflito surge entre duas cristologias que nasceram de escolas teológicas com acentos distintos. A isto, contudo, há que se acrescentar o antagonismo pessoal entre Nestório de Constantinopla (apoiado pelos antioquenos) e Cirilo de Alexandria. Um antagonismo que já era tradicional entre as sedes de Constantinopla e de Alexandria, e que já somava anos de tensão e enfrentamento.

O estopim da controvérsia surgirá com a definição da relação de Maria com Cristo. Segundo a cristologia antioquena, Maria podia ser considerada *Cristotokos* (geradora de Cristo, Mão de Cristo), como mãe da natureza humana de Cristo. Enquanto a cristologia alexandrina defendia que Maria era *Theotokos* (geradora de Deus, Mãe de Deus), de modo que não se poderia separar as duas naturezas de Cristo.

Vale lembrar que o conceito de *Theotokos* já estava bastante arraigado na piedade popular e já havia uma tradição muito antiga nas Igrejas. Orígenes, Alexandre de Alexandria, Atanásio, Eusébio de Cesareia, Cirilo de Jerusalém, Epifânio, Dídimo de Alexandria, Gregório Nazianzeno... todos se referem a isso com naturalidade e sem polêmica. De fato, o próprio João de Antioquia aceita este termo como parte da tradição mais antiga. Mas, Nestório, em suas homilias e escritos, no ano 428 se declara contrário a esta definição, indicando que Maria poderia ser chamada *Theodokos* (a que recebeu Deus), mas nunca *Theotokos* (geradora de Deus). Segundo Nestório, Maria era apenas *Cristotokos* (geradora de Cristo, da sua parte humana). A escola de Antioquia e o Bispo João de Antioquia tomaram posição favorável à Nestório de Constantinopla.

A escola alexandrina e seus teólogos, sob a liderança de Cirilo, rapidamente se opuseram a esta tese. Ao que parece o termo *Theotokos*, já na sua origem, se desenvolveu em Alexandria e se estendeu pelo Egito, Síria, Ásia, África e o Ocidente. No ano 429 Cirilo escreveu ao clero do Egito pedindo que se opusessem às teses de Nestório. O Papa Celestino I em 430, num sínodo celebrado em Roma, tomou partido por Cirilo de Alexandria.

O fato é que Antioquia poderia aceitar o termo *Theotokos* em um sentido positivo (como o Bispo João indica em uma carta ao Patriarca Nestório), e que Alexandria poderia entender o termo *Cristotokos* em um sentido amplo, mas a polêmica em torno da definição da figura de Maria (com grande participação do monaquismo egípcio defensor radical do título de Maria *Theotokos*), agravada pela tradicional tensão entre as duas escolas teológicas e entre a sede de Alexandria e Constantinopla... levou esta tensão a uma situação de mútuas acusações e se fez necessário convocar um concílio para solucionar o grave problema que se tinha instalado.

CELEBRAÇÃO DO CONCÍLIO

Não sem polêmicas, o concílio foi aberto por Cirilo de Alexandria, pois os representantes da Igreja de Antioquia ainda não tinham chegado, assim como os representantes do papa. O Patriarca Nestório, apesar de ter recebido três convocações para comparecer, nunca se apresentou em Éfeso, sabedor da animosidade que os habitantes da cidade nutriam contra ele. De fato, o imperador teve que colocar à sua disposição uma escolta armada temendo por sua segurança.

Na sessão inaugural Cirilo leu um texto no qual defendia a união hipostática das naturezas de Cristo, texto este que foi aprovado pelos padres conciliares presentes. Em seguida foram enumerados diversos desvios de Nestório os quais foram confirmados pelo concílio, que, ademais, expulsou Nestório da comunhão eclesial.

O representante do imperador no concílio fez constar a irregularidade de ter inaugurado o concílio e iniciado as sessões sem os representantes da Igreja de Antioquia. Quando os antioquenos chegaram a Éfeso entre 26 e 27 de junho, convocaram um anticoncílio e excomungaram Cirilo e seus seguidores. O Imperador Teodósio percebendo que as disputas se acirravam e tudo se complicava, declarou nulo tudo o que o concílio e o anticoncílio tinha declarado. Mas os padres conciliares se reuniram, desta vez na casa do bispo de Éfeso, Memnón. Um numeroso grupo de monges ligados ao Egito se manifestaram em frente ao palácio imperial contra Nestório e favoráveis à continuação do concílio. Entretanto, o concílio reunido na casa do bispo celebrava a 2ª sessão (10 de julho) da qual participaram também os representantes papais que já tinham chegado à cidade, fato que deu legitimidade à continuação das sessões. Nas reuniões seguintes foi decretado nulo tudo o que o anticoncílio tinha dito e excomungado o patriarca de Antioquia. Finalmente, na última sessão, celebrada novamente na Igreja Santa Maria de Éfeso, foram proclamados seis cânones contra Nestório e seu grupo, ao mesmo tempo em que se confirmou novamente Maria como *Theotokos* (Mãe de Deus).

O imperador que tinha tentado reorganizar as coisas encarcerando tanto os líderes de um grupo quanto de outro, acabou tendendo ao partido alexandrino e desterrou Nestório para um mosteiro no Egito. Consciente de que o concílio tinha escapado de suas mãos, ele o encerrou com uma sensação de fracasso.

Consequências

O concílio tinha excomungado Nestório e João, mas não excomungou a escola antioquena e tampouco seus numerosos seguidores que não se manifestaram favoráveis às ideias nestorianas. Continuaram dentro da comunhão eclesial. Alguns teólogos e seguidores de Nestório e João fundaram escolas em Edesa e Nínive, que, posteriormente, deram origem a uma Igreja nestoriana que se estenderia pela Índia.

O Papa Sisto III (432-440), ao saber das resoluções do concílio, ordenou a aplicação dos mosaicos no arco interior da nova Igreja de Santa Maria Maior em Roma, visíveis ainda hoje.

De qualquer modo, a cristologia alexandrina acabou dando origem a uma nova heresia pela mão do Abade Eutiques de Constantinopla, que, ao defender Éfeso e atacar a cristologia de Nestório, terminou afirmando que a natureza humana de Cristo, depois da união com a natureza divina, será absorvida por esta segunda, de modo que se poderá falar apenas da natureza divina de Cristo. Esta heresia será conhecida com o nome de monofisismo, e será necessário um novo concílio (não ecumênico) em Constantinopla no ano de 488 para condenar Eutiques e as suas ideias. Mas, a pressão dos monges de Eutiques forçou o Imperador Teodósio II a convocar um novo concílio (também este não ecumênico) em Éfeso, no qual Eutiques foi readmitido. O Papa Leão I (440-461) não quis enviar seus representantes a este novo Concílio de Éfeso e o qualificou como *latrocínio*, ou "concílio de ladrões". Em diversas ocasiões o papa e muitos bispos do Oriente e do Ocidente protestaram contra este "concílio de ladrões" exigindo que o imperador convocasse um novo concílio para negar os acordos feitos naquele concílio o qual não aceitavam.

Por fim, o Imperador Marciano (450-457) aceitou e convocou um novo concílio ecumênico na cidade de Niceia, apesar de que ao final se preferiu transferi-lo para a cidade de Calcedônia, que estava mais próxima de Constantinopla. Este será o quarto concílio ecumênico da Igreja, conhecido como I Concílio de Calcedônia.

I Concílio de Calcedônia (451)

Celebrado na cidade de Calcedônia (Ásia Menor), foi aberto em 8 de outubro de 451 e encerrado em 1º de novembro do mesmo ano. Convocado pelo Imperador Marciano (450-457) durante o pontificado de Leão Magno (440-461), que foi o seu principal promotor. Os participantes foram todos padres orientais, à exceção dos 3 enviados papais e dos clérigos africanos. O número de participantes foi de aproximadamente 600 bispos, o concílio ecumênico com o maior número de participantes até o Vaticano II. Temática: a condenação do monofisismo defendido por Eutiques e a proclamação da fé de Calcedônia na qual se afirma definitivamente a dupla natureza de Cristo, verdadeiramente homem e verdadeiramente Deus.

Antecedentes

O zelo antinestoriano do Abade Eutiques de Constantinopla o levou a elaborar uma nova doutrina segundo a qual a divindade de Cristo absorveu a sua humanidade, criando das duas naturezas uma só (*mono-fisis*), restringindo de tal forma a realidade humana de Cristo que colocava em perigo o sentido da Redenção. Esta nova heresia alarmou tanto os bispos do Oriente quanto o bispo de Roma, Leão Magno. Em um sínodo celebrado em Constantinopla em 448, o Patriarca Flaviano condenou as ideias monofisistas de Eutiques. Apesar de tudo, Eutiques foi apoiado pelo Bispo

Dióscoro de Alexandria e, finalmente, frente à pressão exercida tanto pelos seguidores de Eutiques quanto pelo bispo alexandrino, o Imperador Teodósio II aceitou convocar um novo concílio em Éfeso em 449, no qual Eutiques foi reintegrado à comunhão eclesial.

Em Roma, a indignação foi imensa e Leão Magno não hesitou em chamar este concílio um "latrocínio" (*latrocinium*). Leão I, assim como muitos bispos, tanto do Ocidente quanto do Oriente, exigiram que o imperador convocasse um novo concílio ecumênico para solucionar este problema e condenar a nova heresia. Por fim, o novo Imperador Marciano aceitou celebrar este tão solicitado concílio. Primeiro o convocou para Éfeso, mas em seguida mudou o lugar e o convocou para Calcedônia.

Celebração do concílio

Desde a 1ª sessão, os legados pontifícios pediram à assembleia que o Bispo Dióscoro de Alexandria fosse expulso da sala conciliar (a nave da Basílica de Santa Eufêmia). O motivo: ele havia celebrado um concílio ilícito sem permissão da sede romana (o *latrocínio*).

As primeiras sessões giraram em torno do caso de Dióscoro e Eutiques (exigindo que se reafirmasse a condenação proclamada pelo sínodo de 448 contra Eutiques e sua doutrina herética e que o *latrocínio* de 449 cancelou). Finalmente, em 13 de outubro, durante a 3ª sessão do concílio, Dióscoro, bispo de Alexandria, foi deposto e as condenações contra Eutiques foram reestabelecidas.

Durante estas primeiras sessões foram lidas as cartas doutrinais de Leão Magno nas quais se defende a dupla natureza de Cristo e se confirma a profissão de fé de Niceia. Inclusive, na 5ª sessão, será elaborada uma nova formulação de fé que confirma o que os concílios ecumênicos anteriores tinham dito. Nesta sessão a condenação ao monofisismo foi renovada e, de maneira solene, se procedeu a proclamação da confissão de fé de Calcedônia na qual se confirma Niceia e Constantinopla.

A 6ª sessão contará com a presença do Imperador Marciano e de sua mulher Pulquéria. Pode-se dizer que se trata da sessão central do concílio. Foram discutidas algumas temáticas de disciplina eclesiástica (especialmente na vida monacal) e foram readmitidos os teólogos antioquenos Teodoreto de Ciro e Ibas de Edesa, suspeitos de serem filonestorianos. Esses tiveram que abjurar as doutrinas de Nestório e Eutiques, o que fizeram não sem certa resistência. Então, foram readmitidos à comunhão eclesial.

Entre os dias 16 e 31 de outubro foi proclamado o cânon 28 que gerou discórdia e rejeição entre os três legados papais. Este cânon indicava que a segunda Roma (a sede de Constantinopla) tinha direito a ocupar o segundo lugar de honra logo abaixo da antiga Roma, com todos os privilégios que isto implicava.

Na verdade, não era a primeira vez que Constantinopla reclamava esta honra colocando-se acima das demais sedes patriarcais (daí a tensão entre as sedes de Alexandria e Constantinopla). No terceiro cânon do I Concílio de Constantinopla já se anunciara esta mesma intenção. Os bispos de Roma se opunham a esta nova estruturação hierárquica, já que estavam especialmente centrados em promover o primado petrino (especialmente Leão I fez isso) e viam nesta nova proposta a mão de um cesaropapismo crescente que confundia a política com a tradição hierárquica eclesial.

Consequências

O Concílio de Calcedônia foi encerrado com uma nova proclamação de fé que foi aclamada por todos, apesar de que a maior parte dos padres conciliares não a julgassem necessária. Foi uma proclamação de fé antimonofisista e, portanto, com um forte traço duofisista, ou seja, ressaltando a plena natureza humana e a plena natureza divina de Cristo. Ao formular esta proclamação tão acentuada, os herdeiros da cristologia alexandrina manifestaram sua dificuldade em aceitar a proclamação de fé de Calcedônia. Calcedônia procurou encontrar um meio-termo entre os nestorianos e os monofisistas; não obstante, forçou tanto a situação, que onde as ideias monofisistas estavam arraigadas apareceram núcleos de resistência e recusa à doutrina calcedoniana. Não esqueçamos que o Bispo Dióscoro de Alexandria havia acolhido as ideias de Eutiques ao considerá-las uma continuação teológica das ideias de Cirilo de Alexandria, e, portanto, será no Egito que Calcedônia não terá uma recepção positiva. Do mesmo modo, na Palestina, esta proclamação calcedoniana foi considerada uma traição ao espírito antinestoriano e também aí surgiram sinais de recusa. De fato, começou a surgir uma rebelião aberta provocando a morte de alguns bispos pró-Calcedônia e a fuga do patriarca de Jerusalém para Constantinopla. Em 453 o imperador viu-se obrigado a expulsar todos os bispos contrários a Calcedônia para reestabelecer a ortodoxia na Palestina.

No Egito o conflito foi ainda pior. A revolta teológica se transformou em revolta política, uma vez que o Egito era uma parte importante do império oriental, mas que se considerava preterido e abandonado pela capital. As discussões levaram à violência, e muito bispos calcedonianos foram assassinados. Em 458, quando o Imperador Marciano faleceu, uma multidão completamente descontrolada assassinou o patriarca calcedônico de Alexandria e elegeu um novo patriarca anticalcedônico. Timóteo, o novo patriarca, convocou um concílio e condenou o Papa Leão Magno, o Patriarca Anatólio de Constantinopla e o Patriarca Basílico de Antioquia.

O novo imperador Leão I (457-474), seguindo o conselho de teólogos orientais, dentre os quais Simeão o Estilita, convocou um concílio local para tratar o caso da sede alexandrina. Neste se decidiu destituir o novo bispo anticalcedônico que conduziu uma revolta brutal em Alexandria, onde, segundo fontes contemporâneas, morreram mais de dez mil pessoas.

Em contrapartida, na Palestina, tinha-se conseguido chegar a uma política de entendimento entre calcedonianos e seus detratores, mantendo uma trégua teológica na qual o tema estava "congelado". O novo Patriarca Anastácio de Jerusalém tinha conseguido impor o que se chamou de um calcedonismo de mínimos. Durante vinte anos funcionou.

O problema foi que a partir de meados do século V, o império oriental se dividiu entre territórios calcedonianos e territórios anticalcedonianos. Causado por uma mescla de sentimentos religiosos e políticos (algumas regiões aspiravam por uma maior independência em relação à Constantinopla, e a rejeição à Calcedônia foi um elemento identificativo entre estes grupos e territórios). Como já foi indicado, as Igrejas que mais tinham combatido o nestorianismo (e que eram influenciadas pela escola de Alexandria) viam Calcedônia como um concílio confuso. Por um lado, Calcedônia condenara Eutiques e o seu monofisismo, mas a sede alexandrina o apoiara pensando que seguissem a trilha iniciada por Cirilo de Alexandria e que continuavam combatendo as ideias nestorianas. Contudo, Calcedônia tinha identificado nas ideias do monofisismo um novo perigo doutrinal que deveria ser contido e condenado. Por isto, desde Constantinopla, os bispos simpatizantes das ideias monofisistas foram substituídos por bispos pró-calcedonianos. Tudo isto, somado a um sentimento político de opressão imperial, fez com que nos territórios do Egito, Palestina e Síria crescesse cada vez mais um sentimento anticalcedoniano que não auspiciava nada de bom.

Os imperadores posteriores a Calcedônia tiveram muita consciência disso. Perceberam que de um problema religioso surgia um problema político. Suas ações durante a segunda metade do século V e boa parte do século VI tinham como intuito acalmar estes focos (geograficamente extensos) para assegurar a unidade e a paz no império. Moveram-se entre uma política de pactos (que muitas vezes não satisfazia a ninguém) e uma política mais agressiva (que, contudo, provocava ainda mais revolta).

Um dos imperadores que procurou encontrar uma solução conciliadora foi Zenão (474-491) que publicou em 28 de junho de 482 um edito de união chamado *Henotikon*, que buscava encontrar uma fórmula intermediária entre os defensores e os opositores de Calcedônia. No *Henotikon* se confirmava a fé de Niceia (325), retificada em Constantinopla (381) e Éfeso (431), além de incluir os doze anátemas de Cirilo de Alexandria. Apesar de ter sido aceito pelos patriarcas de Alexandria, Antioquia e Jerusalém, o resultado foi nefasto, uma vez que dois partidos se opuseram de modo intransigente ao Decreto. Além disso, o Papa Felix III (483-492), temendo que a ortodoxia de Calcedônia estivesse sendo posta em perigo, excomungou o Patriarca Acácio de Constantinopla, gerando um cisma entre Oriente e Ocidente (conhecido pelo nome de cisma acaciano) que perdurou até o ano de 519.

Deste modo, o Oriente ficou dividido entre calcedonianos (escola antioquena e Constantinopla) e anticalcedonianos (escola alexandrina). Em algumas regiões do império (Síria, Palestina, Ásia Menor, Egito...) as comunidades ficarão divididas e se sucederão motins em defesa e em oposição a Calcedônia que não só fragilizarão politicamente a unidade do império, mas que colocarão em risco a própria unidade das Igrejas.

II Concílio de Constantinopla (553)

Celebrado na cidade de Constantinopla, foi aberto em 5 de maio de 553 e encerrado em 2 de junho do mesmo ano. Convocado pelo Imperador Justiniano (527-565) durante o pontificado de Virgílio I (537-555). Os participantes foram cerca de 153 bispos. Temática: a problemática remanescente dos conflitos teológicos e políticos do monofisismo e do nestorianismo.

Antecedentes

As tensões geradas a partir da aceitação (e da rejeição) da confissão de fé de Calcedônia dividiram profundamente a Igreja e o império oriental. A partir destas tensões religiosas e políticas, vários imperadores procuraram encontrar uma solução, seja consensual (o *Henotikon*), seja imposta sobre as partes, mas sem resultados. Com a ascensão ao trono de Constantinopla do Imperador Justiniano no ano de 527 e de sua mulher Teodora (filomonofisista), buscou-se uma nova via de solução consensual. O próprio imperador empenhou-se pessoalmente para solucionar o conflito que ameaçava seriamente a unidade do império. Com o surgimento de um novo grupo de teólogos na corte (chamados neocalcedonianos) criou-se uma nova via teológica que se aproximava muito das teses de Cirilo contra Nestório (afirmando a unidade das naturezas de Cristo), ao mesmo tempo em que também se defendia a dualidade das naturezas promulgadas por Calcedônia contra as teses de Eutiques. O partido monofisista liderado por Severo, patriarca de Antioquia, sustentava com firmeza a teologia de Cirilo de Alexandria, do qual se consideravam herdeiros e guardiães. Proclamava uma só natureza do Verbo encarnado.

No ano de 532 o imperador convocou em Constantinopla aos bispos calcedonianos e aos monofisistas. Estes últimos, mesmo aceitando que o concílio foi necessário, e que também foi necessária a condenação de Eutiques, ainda resistiam a acolher a inovadora expressão teológica "em duas naturezas". Os monofisistas queixavam-se de que Calcedônia tinha dado muita margem de ação a teólogos como Teodoro de Mopsuéstia, Ibas de Edessa e Teodoreto de Ciro, que eram demasiadamente filonestorianos, fazendo com que Calcedônia não reconhecesse mais explicitamente que uma das pessoas da Santíssima Trindade tivesse sofrido na carne e que na mesma pessoa tivessem sido reais os milagres e os sofrimentos.

No ano seguinte, a imperatriz Teodora conseguiu que dois monofisistas moderados fossem nomeados como novos patriarcas de Constantinopla (Átimo) e de Alexandria (Teodósio). Os calcedonianos se alarmaram e escreveram ao Papa Agapito I (535-536) pedindo sua intervenção. O papa viajou para Constantinopla e convenceu Justiniano a substituir os novos patriarcas e convocar um novo concílio na capital imperial. No entanto, Agapito morreu pouco depois em Constantinopla. Justiniano levou o projeto do concílio adiante convocando os bispos que estavam em Constantinopla e os bispos ocidentais que tinham acompanhado o papa em sua viagem e que ainda estavam na capital. Deste concílio a fé calcedoniana saiu fortalecida. Justiniano condenou o monofisismo e destituiu o Patriarca Teodósio de Alexandria. O imperador optou pelo uso da força e perseguiu os monofisistas, embora continuassem sendo maioria nas zonas rurais do Egito. Paralelamente a tudo isto, a imperatriz Teodora protegia os monofisistas na capital. Com o passar do tempo, Justiniano quis aproximar-se dos monofisistas e, partindo de outro debate teológico sobre as teses de Orígenes e o subordinacionismo, editou no ano de 543 um edito imperial condenando alguns escritos dos teólogos antioquenos Teodoro de Ciro, Teodoro de Mopsuéstia e Ibas de Edessa, que tinham sido opositores de Cirilo de Alexandria. Com isto, esperava aproximar-se dos alexandrinos monofisistas. Foi o que se chamou de condenação dos três capítulos (em latim, condenação é *capitula*, daí a expressão três capítulos, que quer dizer três condenações).

O Papa Virgílio (537-555) não quis assinar o edito e Justiniano ordenou que fosse detido e o levaram prisioneiro para Constantinopla. Então, inaugurou-se um cabo de guerra entre o papa e o imperador para que o bispo de Roma aceitasse a condenação dos três capítulos. Sob pressão e na prisão, o Papa Virgílio finalmente cedeu, aceitando o edito em troca de que Justiniano convocasse um concílio ecumênico para tratar do tema. Tal ocorreu no mês de janeiro de 553 e em 5 de maio do mesmo ano foi aberto o II Concílio de Constantinopla.

Celebração do concílio

Estiveram presentes na abertura do concílio os patriarcas de Antioquia, Alexandria e Constantinopla (que presidiam o concílio). Os únicos bispos orientais eram 6 clérigos africanos. Os demais presentes eram bispos orientais. O imperador não se apresentou para mostrar que dava liberdade ao concílio.

Na 1ª sessão foi lida uma carta de Justiniano que pedia a condenação dos três capítulos (ou seja, a condenação de alguns escritos dos três teólogos citados anteriormente), para erradicar definitivamente ideias remanescentes do nestorianismo que ainda existiam dentro da Igreja. Nas sessões posteriores foram abordados os escritos dos três teólogos (Teodoro de Ciro, Teodoro de Mopsuéstia e Ibas de Edessa), que foram condenados explicitamente.

O concílio se celebrou em sete sessões, das quais seis se dedicaram à condenação dos três teólogos e do nestorianismo.

De qualquer modo, o Papa Virgílio não partilhava da condenação dos três teólogos. Aceitou apenas condenar sessenta proposições errôneas destes teólogos que tinham elementos próprios do nestorianismo, mas não aceitou a condenação das suas pessoas, argumentando que condenar pessoas mortas não era a prática da Igreja e que condenar plenamente suas pessoas (e, portanto, a todas as suas ideias) colocava o Concílio de Calcedônia em questão. Frente a esta negativa do papa, o concílio, em linha com as diretrizes do Imperador Justiniano, retirou o nome do Papa Virgílio dos *Dictis* do concílio.

As atas conciliares foram enviadas a todo o império e todos os bispos foram obrigados a aceitá-las. Finalmente, no ano de 554, o próprio Papa Virgílio, se reconciliou com o Imperador Justiniano e pôde retornar a Roma, mas morreu enquanto fazia a viagem de volta pelo mar.

Consequências

Apesar da condenação dos teólogos antioquenos, Alexandria ignorou o concílio, e na Síria uma grande parte do episcopado permaneceu nas ideias monofisistas e deu as costas para a ortodoxia da Igreja imperial, enquanto a Igreja da Pérsia, que considerava Teodoro de Mopsuéstia como um grande intérprete da Bíblia, viveu em contínua e crescente tensão com os calcedonianos.

No Ocidente, o resultado do concílio e a condenação dos três capítulos foram recebidos com grande hostilidade. De fato, se produziu um cisma no norte da Itália, quando alguns bispos romperam a comunhão com Roma (já que o Papa Virgílio, for fim, tinha aceitado o concílio e a condenação dos três capítulos) e criaram uma igreja cismática ao redor do Metropolitano de Aquileia. Esse cisma durou até boa parte do século VII.

Apesar de ter procurado encontrar um caminho de solução aos problemas envolvendo os monofisistas e os nestorianos, o II

Concílio de Constantinopla representou um caminho sem volta na caminhada de algumas Igrejas orientais. Agora se devia aceitar a ortodoxia de Calcedônia e todo aquele que a negava estaria separado da comunhão eclesial.

A primeira Igreja que se separou oficialmente da Igreja Católica Ortodoxa foi a Igreja Monofisista da Armênia, que proclamou sua separação ainda no século VI.

A Igreja síria ficou dividida em três grupos: os monofisistas (a partir de agora também chamada de jacobita em honra ao Bispo Jacob de Edessa, grande defensor do monofisismo), um segundo grupo foi a Igreja nestoriana síria, e, finalmente, o terceiro grupo era a Igreja síria calcedoniana.

No Egito pode-se considerar que a Igreja copta monofisista se separou de coração e de mente da Igreja imperial já desde o ano de 451, terminado o Concílio de Calcedônia, o qual nunca aceitaram. No entanto, não se organizou cultural e estruturalmente como Igreja independente até o século VII.

Portanto, entre o Concílio de Calcedônia e o II Concílio de Constantinopla, uma grande parte do oriente cristão ficou dividida em três grupos eclesiais (frequentemente vinculados a um território concreto): a Igreja nestoriana (regiões da Síria, Palestina e Pérsia), a Igreja monofisista (o Egito copta, regiões da Síria e Palestina) e a Igreja calcedoniana (a Igreja Católica Ortodoxa presente no Oriente e no Ocidente).

Com o passar dos séculos, e especialmente nos encontros ecumênicos do século XX e XXI, atualmente se aceita que a fé dessas Igrejas é a mesma, apenas a interpretação de conceitos como natureza ou pessoa levou a tensões e confrontações (avivadas também por motivos nacionalistas) que foram vividas nos séculos V e VI. Atualmente se considera que as diversas Igrejas que surgiram durante esse período defendiam a mesma teologia, mas usando palavras e conceitos filosóficos e teológicos com interpretações diferentes.

III Concílio de Constantinopla (680-681) e o Concílio de Trullo (692)

Celebrado na cidade de Constantinopla, foi aberto em 7 de novembro de 680 e encerrado em 16 de setembro de 681. Convocado pelo Imperador Constantino IV (668-685) durante o pontificado de Agatão (678-681) e Leão II (682-683). Participaram entre 50 e 170 conciliares. Temática: condenação do monoenergismo e do monotelismo.

Antecedentes

Apesar dos conflitos vividos durante o século precedente – e que, de certo modo, depois do II Concílio de Constantinopla se tenha fechado a questão impondo uma clara posição a favor ou contra a fé ortodoxa –, ainda assim, tanto os imperadores (interessados na unidade imperial) quanto os patriarcas não deixaram de buscar sanar a situação e restabelecer a unidade política e religiosa do Oriente.

Em uma nova tentativa de unificar as Igrejas monofisistas do Oriente e a Igreja de Constantinopla, se abriu novamente um debate teológico sobre a cristologia de Calcedônia, tratando a temática da unidade e da dualidade da energia e da vontade de Cristo. A pergunta era: a atividade (quer dizer, a energia) de Cristo encarnado se refere a suas duas naturezas unidas sem confusão ou apenas a sua única pessoa?

Um dado curioso: este novo debate se iniciou justamente no dia seguinte ao início da guerra entre os persas e os bizantinos que sacudiu os dois impérios e todo o Oriente durante vinte longos anos. No decurso destes debates começaram a surgir possibilidades de união entre os monofisistas da Síria e do Egito. O Bispo Teodoro de Faran, bispo ortodoxo que mantinha contato com os monofisistas, propôs a fórmula monoenergismo para definir esta nova aproximação teológica.

A proposta do imperador e do patriarca de Constantinopla, enquanto cúpula da Igreja imperial, era encontrar uma fórmula aceitável para os monofisistas, na qual se reconhecia em Cristo a existência de duas naturezas, mas uma única *atividade* (energia), insistindo sobre a unidade da pessoa de Cristo, aproximando-os, assim, da proposta de Calcedônia.

O Monge Sofrônio de Alexandria (posteriormente eleito patriarca de Jerusalém) percebendo o perigo desta nova teologia, viajou a Constantinopla e avisou o Patriarca Sérgio de que em Cristo não se deve falar de uma atividade, mas de duas, já que a atividade se refere à natureza e não à pessoa. O próprio Papa Honório tomou parte no debate indicando que em Cristo não podemos falar de duas vontades (que poderiam se opor uma a outra), mas de apenas uma vontade. Contudo, à medida que o debate se abria, e apesar de parecer que inicialmente algumas Igrejas monofisistas da Armênia e do Egito se aproximavam da Igreja oficial, tudo se complicou e ficou evidente o risco real do reaparecimento do nestorianismo em algumas partes do império.

Frente a esta complicação decorrente do monoenergismo, o Patriarca Sérgio de Constantinopla promoveu um Decreto Imperial (o *Ekthesis*) no ano de 638, no qual proíbe que se fale das duas atividades de Cristo, e no qual se afirma que é o único Cristo que cumpre as obras divinas e as obras humanas e que a expressão "vontade única" equivale a expressão "única pessoa atuante".

O problema foi que o remédio foi pior que a enfermidade. O *Ekthesis* pretendia apaziguar a disputa crescente envolvendo o monoenergismo, contudo, inaugurou uma nova disputa, a do monotelismo (uma vontade). As disputas entre as diferentes partes se aqueceram tão rapidamente que, por volta do ano de 638, a questão já não era mais encontrar pontos de encontro com os monofisistas (como inicialmente pretendia o imperador), mas apaziguar o fogo cruzado entre os próprios calcedonianos. Em pouco tempo morreram o Patriarca Sérgio de Constantinopla, o patriarca Sofrônio de Jerusalém e o Papa Honório. Perdia-se, assim, não somente a bons teólogos, mas também a homens de influência. Estas mortes retardaram a solução do problema. Seus sucessores enredaram-se entre si com cartas polêmicas, acusações mútuas e até mesmo excomunhões. O Patriarca Paulo, depois de ser excomungado, destruiu o altar da capela papal de Constantinopla... O ambiente estava fervilhando. Finalmente, o Imperador Constante II editou o *Typos*, um decreto que proibia falar do tema das vontades de Cristo.

Em Roma, Martinho I (649-654) convocou um sínodo presidido pelo papa em Latrão (outubro de 649), que condenou tanto o *Ekthesis* quanto o *Typos*. Constante II reagiu com violência e enviou soldados para prender o papa e levá-lo a Constantinopla. Lá, ele foi julgado por traição e exilado em Crimeia, onde faleceu no ano de 654. Inaugurou-se, então, uma repressão contra os opositores dos editos imperiais (*Ekthesis* e *Typos*), dentre os quais Máximo o Confessor, que foi exilado na Trácia no ano de 655, e sustentando a sua oposição manifesta, será levado a Constantinopla no ano de 662 e condenado aos 82 anos. Excomungado, teve sua mão direita mutilada e foi levado à prisão, onde faleceu em agosto do mesmo ano.

Com a morte de Constante II (668), seu filho Constantino IV (668-685) quis reconduzir a situação e devolver a paz à Igreja, assim como reconciliar-se com Roma. Uma das causas que o moviam era a necessidade de fazer frente aos muçulmanos que estavam conquistando parte do Império Ocidental. Por isso, escreveu ao patriarca de Constantinopla e ao papa de Roma, convocando-os para um concílio ecumênico que pusesse fim a esta disputa. Definiu-se que o concílio se reuniria em Constantinopla em novembro de 680.

CELEBRAÇÃO DO CONCÍLIO

Aberto em 7 de novembro de 680, o sexto concílio ecumênico da Igreja foi celebrado na Sala da Cúpula (*Trullo* em grego) do palácio imperial. O concílio foi presidido pelo imperador com a presença do Patriarca Jorge de Constantinopla, o Patriarca Macário de Antioquia (um monofisista convencido) e representantes do papa de Roma e dos patriarcas de Jerusalém e Alexandria (que não puderam comparecer pessoalmente porque suas sedes estavam ocupadas pelos árabes).

Os debates foram intensos, mas a partir da 8ª sessão já se podia concluir qual seria o partido derrotado: o Patriarca Macário de Antioquia foi destituído e foram lançados anátemas contra todos os que haviam defendido tanto o monotelismo quanto o monoenergismo (embora muitos deles tivessem sido patriarcas de Constantinopla).

O concílio acabou proclamando Constantino IV como braço secular da Igreja e recomendou que não houvesse qualquer iniciativa de promover novos encontros com heresias, com os hebreus ou com os pagãos, usando conceitos errôneos ou que pudessem produzir confusão. A partir de então, não houve outras tentativas de reunificação com cristãos separados por conta de sua compreensão teológica.

CONSEQUÊNCIAS

O grande problema do monoenergismo não foi a interferência política em questões religiosas ou uma ação descuidada de patriarcas e teólogos, mas uma séria reflexão, um tipo de neocalcedonismo que procurou curar as feridas abertas com os grupos monofisistas. O problema foi que os conceitos filosóficos de natureza, vontade e pessoa... não eram sempre entendidos a partir da mesma perspectiva e isto provocou confusões e enfrentamentos, de certo modo, gratuitos. Paralela a uma reflexão cristológica se pôs em marcha uma discussão filosófica sobre a pessoa de Cristo. Trata-se de uma teologia que insiste na união hipostática de Cristo, mas que em conceitos como atividade (energia) e vontade, levaram a um acento sobre a sua humanidade e a uma subordinação a esta das propriedades humanas e divinas, temas novos e perigosos.

O sucessor de Constantino IV, o Imperador Justiniano II (685-711), confirmou tudo o que o III Concílio de Constantinopla havia decretado e, ante uma assembleia de bispos e oficiais imperiais, os obrigou a assinar uma carta de adesão. Justiniano III considerou que o 6º concílio ecumênico tinha encerrado definitivamente o problema das heresias e tinha definido a ortodoxia de maneira contundente. No entanto, agora queria que uma nova assembleia de bispos pusesse fim à decadência de costume e moral do clero, convocando um novo sínodo na mesma Sala da Cúpula (*Trullo*) o qual foi celebrado no ano de 692. Por conta do lugar físico onde se reuniu esse concílio não reconhecido por Roma, ficou conhecido pelo nome de Concílio de Trullo. Estiveram presentes 220 bispos, majoritariamente do patriarcado de Constantinopla, e das sedes de Antioquia, Jerusalém e Alexandria (sedes patriarcais que já estavam há anos sob domínio árabe).

O concílio foi uma notável mostra de unidade. Contudo, Roma não quis reconhecê-lo como ecumênico e durante séculos negou-se a fazê-lo. Mas, no Oriente é considerado como ecumênico, por isso recebe o nome de *Quinissexto*, um concílio que confirmou e reconheceu novamente todos os decretos e decisões do quinto e sexto concílios ecumênicos (isto é, o II e o III Concílios de Constantinopla) reconhecidos por todos, por Roma, inclusive. Por isto, o que se conhece como o Concílio de Trullo (do ano de 692) não é considerado um concílio ecumênico e, portanto, não é contado entre os vinte e um concílios ecumênicos reconhecidos por Roma.

II Concílio de Niceia (787)

Celebrado na cidade de Niceia, foi aberto em 23 de setembro de 787. Convocado pela Imperatriz Irene (797-802), mãe do Imperador Constantino IV (776-797), durante o pontificado de Adriano I (772-795). O concílio contou com 8 sessões. Os conciliares foram cerca de 350. Temática: condenação da Iconoclastia.

Antecedentes

No oriente cristão havia duas correntes espirituais que sustentavam posturas contrárias sobre o uso de imagens religiosas. De um lado havia um grupo de tradição mais grega, onde as imagens haviam sempre ocupado um espaço importante nos cultos religiosos; e, paralelamente, na parte mais oriental do império havia a tendência de considerar as imagens, seguindo a tradição judaica (e posteriormente islâmica) mais como um risco que podia promover a idolatria. As duas espiritualidades tinham uma teologia válida e séria por detrás, e as duas conviveram mais ou menos pacificamente durante os primeiros séculos do cristianismo, sobretudo porque cada uma delas estava bastante delimitada geograficamente. No Ocidente este problema não existia, já que comungava da tradição greco-latina do uso de imagens para fomentar tanto a piedade quanto a liturgia.

Os séculos VII e VIII foram períodos de profunda crise para o império oriental. Em poucas décadas deixaram de dominar 3/4 do Mediterrâneo e foram reduzidos a uma potência de segunda ordem, perdendo 2/3 de seu território pelas mãos dos árabes. Não faltaram interpretações religiosas para esse desastre de grande magnitude, e nestas interpretações se repetia muitas vezes que essas desgraças eram parte de um castigo divino pela infidelidade do povo para com Deus. Não é de estranhar, então, que os imperadores tomassem algumas decisões com o escopo de corrigir os desvios religiosos do povo, seguindo sempre alguns critérios próprios que nem sempre eram acertados.

No início do século VIII subiram ao trono imperial os imperadores da Dinastia Isaura que tinham suas raízes nas regiões mais orientais do império, onde o culto às imagens era vivido como uma pseudoidolatria. Portanto, quando Leão III (717-741) foi coroado imperador, considerando-se a si mesmo como um rei veterotestamentário que se sentia responsável pela saúde espiritual e material do seu povo, não hesitou em considerar o culto às imagens como parte do mal que estava produzindo todos os desastres de proporções apocalípticas que sacudiam o império. O culto às imagens ofendia a Deus e por isso Deus castigava seu povo com todos os desastres que estavam sofrendo pelas mãos dos árabes.

A teologia iconoclasta se fundamentava sobre a tradição veterotestamentária que considera qualquer imagem da divindade como um pecado de idolatria. Os textos de Ex 20,4-5; Lv 26,1; Dt 4,14-15; 8-9 são bastante claros e inequívocos, e serviam de base para a argumentação teológico-bíblica contra as imagens. Na verdade, durante os primeiros séculos, as comunidades cristãs usavam símbolos (o peixe, a arca, a âncora...) mais do que imagens, e as primeiras representações que encontramos são apenas de Cristo ou de Maria. Pouco a pouco se espalharam as imagens do bom pastor, do orante, de Jonas... para mais tarde começarem as representações de Cristo, Maria, Pedro, Paulo... Imagens que, apesar de sua difusão (sobretudo no Ocidente e no Oriente grego), eram consideradas por alguns como um resquício da tradição idolátrica pagã (tal como o descreve Eusébio de Cesareia). Os defensores das imagens, por sua vez, as consideram como parte de uma narrativa catequética que ajudava a compreender e meditar passagens bíblicas, o que fomentava a oração e a contemplação, um tipo de *biblia pauperum*, a bíblia dos pobres, ou seja, analfabetos que através das imagens podiam ter contato com a Escritura. Na verdade, foi em Calcedônia que se apresentou com mais consistência a teologia das imagens. A cristologia ortodoxa da dupla natureza de Cristo, a humana e a divina, permite a contemplação de uma (através do ícone) para chegar a profundidade da outra. O grande defensor da teologia dos ícones foi São João Damasceno.

Contudo, na primeira metade de século VIII, os imperadores iconoclastas decidiram agir, conscientes e convencidos de que o faziam para o bem do povo, para afastar um desvio religioso e para corrigir uma piedade equívoca que levava à idolatria. De fato, sua ação não foi espontânea ou irrefletida. Na verdade, já no ano de 726 tinham surgido as primeiras polêmicas entre os bispos sobre este tema. Germano, patriarca de Constantinopla, tinha contestado alguns escritos iconoclastas do Bispo Constantino de Nacólia nos quais se acusava o culto das imagens como sendo uma forma de politeísmo. Germano respondera que o culto às imagens era um recado aos hereges de que Cristo teve uma verdadeira natureza humana, e que o culto aos santos não era um politeísmo, mas um exemplo de homens que tinham vivido sua fé com especial força e eram um exemplo e um testemunho para o povo. Mas, a polêmica tinha começado. Inicialmente Leão III permaneceu à margem, embora apoiasse a teologia iconoclasta de Constantino. Finalmente, em 7 de janeiro de 730, Leão III tomou partido publicamente a favor dos iconoclastas e convidou o Patriarca Germano a que fizesse o mesmo. Este se negou e renunciou, sendo substituído pelo Patriarca Anastácio um iconoclasta convencido.

O imperador e o novo patriarca escreveram ao Papa Gregório II (715-731) pedindo que aderisse à purificação iconoclasta, algo que Gregório não fez. Em sua carta de resposta encontramos uma das defesas mais bem-elaboradas do porquê as imagens são úteis para a piedade e a espiritualidade, indicando que os santos e Maria não recebem nenhum tipo de adoração, mas tão somente veneração. Isso provocou a ruptura entre Roma e Constantinopla e foi a desculpa que o imperador aproveitou para tomar a Sicília, a Ilíria e a Calábria da jurisdição de Roma e anexá-las à jurisdição do patriarca de Constantinopla. Isso provocou futuros confrontos ao logo dos séculos VIII e IX entre as sedes de Roma e Constantinopla pela jurisdição das missões. Durante o reinado de Leão III, e especialmente de seu sucessor Constantino V (741-775), se desencadeou uma perseguição violenta contra os defensores das imagens: bispos, sacerdotes, monges e leigos sofreram prisão, exílio e até mesmo a morte por se oporem à política imperial iconoclasta. Entre todos os opositores tem lugar de destaque os monges, grandes defensores da piedade das imagens, os quais alcançaram, por esta firme defesa e os sofrimentos decorrentes da defesa das imagens, um grande destaque entre o povo fiel, fato que terá importantes consequências na configuração da Igreja Ortodoxa do futuro. A perseguição iconoclasta perdeu força com a chegada ao poder da Imperatriz Irene no ano de 780, que atuou como regente de seu filho Constantino VI. Apesar da oposição dos iconoclastas, muito presentes na corte, Irene e o Patriarca Tarásio convocaram o sétimo concílio ecumênico no ano de 787 com o qual se pretendia reestabelecer a paz dentro do império e a comunhão com Roma, colocando um ponto-final à perseguição das imagens.

CELEBRAÇÃO DO CONCÍLIO

O concílio foi aberto em 23 de setembro de 787 e teve 8 sessões. O Papa Adriano I (772-795) enviou seus legados, embora tivesse reticências declaradas contra o momento que a Igreja oriental vivia. Não lhe agradava que o novo patriarca se autodenominasse patriarca ecumênico (Adriano via isto como uma ofensa contra o primado de Pedro), e tampouco lhe agradou que Tarásio tenha sido levado de leigo a patriarca pela intervenção de Irene. É importante dizer que Roma sempre viu com maus olhos o cesaropapismo bizantino, mesmo quando, como agora, ajudava a promover a ortodoxia.

Outra condição imposta pelo Papa Adriano foi que o concílio condenasse o pseudoconcílio de Hieria que fora celebrado pelo Imperador Constantino V no ano de 752 contra o culto às imagens e que pretendia ser ecumênico. Adriano não reconhecia nem sua autoridade nem tampouco sua validade, e queria que o concílio convocado novamente em Niceia fizesse o mesmo. No fundo, isto significava pedir que os orientais retirassem a validade de um concílio convocado por um de seus imperadores, mas, visto que em Hieria se tenha condenado o culto às imagens, Irene e o Patriarca Tarásio cederam. Durante as oito sessões do II Concílio de Niceia foram anuladas todas as condenações contra o culto às imagens (condenações formuladas pelo Concílio de Hieria), foram definidas como dogma de fé a representação das imagens de Cristo, de Maria e dos santos, e foi indicado que se deve distinguir entre adoração (reservada somente a Deus-trindade) e veneração, que é a forma como se deve aceitar os ícones. Na última sessão estiveram presentes a Imperatriz Irene e seu filho. E todos os participantes, começando pelos legados papais, assinaram as atas conciliares.

Consequências

No II Concílio de Niceia a iconoclastia foi definitivamente derrotada, a despeito de ter reaparecido algumas vezes no século IX. Contudo, desse período decorrem duas consequências muito fortes e duradouras tanto no Oriente quanto no Ocidente.

Por um lado, no Oriente se definiu o novo caráter da Igreja oriental, que a marcará até os dias de hoje. A perda de muitos territórios mais ao Oriente (regiões onde o nestorianismo e o monofisismo se enraizaram com muita força, sendo fontes contínuas de conflitos com Constantinopla) permitiu que a Igreja Ortodoxa se configurasse mais fortemente com a Igreja Calcedônica, saindo, de todo esse período de crise, mais unida e mais forte. Por outro lado, o grande prestígio dos monges durante o conflito iconoclasta fez com que de agora em diante o monacato adquirisse uma posição muito forte que marcará profundamente o futuro da Igreja. Muitas vezes eles eram garantidores da ortodoxia, e das suas fileiras sairão muitos bispos da Igreja.

No Ocidente o período de tensão do século VIII com o Oriente, somado à perda da jurisdição territorial promovida pelos imperadores iconoclastas, fará com que o papado se volte definitivamente em direção aos povos ocidentais, concretamente em direção aos francos. Até então, Roma era súdita legal do imperador. A partir do século VIII Roma e o papado se tornam independentes em relação a qualquer subordinação política ou militar de Bizâncio. Adriano I foi o primeiro papa que não encerrou os documentos referenciando-os aos anos de governo do imperador oriental e foi também o primeiro papa que cunhou moeda própria. A ruptura entre o Oriente e o Ocidente, ao menos em nível político, se consolidou com toda a sua força no século VII e o pretexto foi o conflito iconoclasta, embora a razão das escolhas feitas pelos papas tivessem raízes mais profundas.

IV Concílio de Constantinopla (869-870)

Celebrado na cidade de Constantinopla, foi aberto em 5 de outubro de 869 e encerrado em 28 de fevereiro de 870. Convocado pelo Imperador Basílio I (867-886) durante o pontificado de Adriano II (867-872). Temática: condenação do Patriarca Fócio e resolução dos conflitos patriarcais da sede de Constantinopla.

Antecedentes

Surgiram em Constantinopla dois partidos (ainda decorrentes dos conflitos iconoclastas) que lutavam para impor seus candidatos no patriarcado de Constantinopla. Vale dizer que se tratava de um conflito mais político que religioso, mas, por trás dos interesses partidários dos dois grupos que queriam o poder, se ampararam duas facções religiosas, uma mais radical que se considerava herdeira dos vencedores do conflito iconoclasta, outra mais aberta, favorável a uma maior tolerância e reconciliação com os que tinham feito parte do grupo iconoclasta. Cada grupo tinha seu candidato ao patriarcado: os mais radicais propunham Fócio, os mais abertos, Inácio.

Considerando que o conflito iconoclasta tinha reaparecido por volta dos reinados de Leão V (813-820), de Miguel II (820-829) e de Teófilo (829-842), podemos perceber que os conflitos entre os dois partidos (que tinham raízes no conflito iconoclasta) não estavam tão distantes. Mais uma vez, durante essa segunda perseguição, foram os monges que defenderam as imagens, capitaneados por Teodoro Estudita. Deve-se destacar que este ressurgimento iconoclasta radicalizou ainda mais alguns setores monacais, que foram conhecidos como estuditas, em honra ao Monge Teodoro.

O conflito terminou com a Imperatriz Teodora, quando esta assumiu a regência de seu filho Miguel III no ano de 842. No ano seguinte foi celebrado o concílio oriental no qual os iconoclastas aceitaram o II Concílio de Niceia, encerrando-se assim, definitivamente, este problema. Também se elegeu o Patriarca Metódio de Constantinopla como o homem que deveria reconduzir a Igreja bizantina em seu processo de cura e reconciliação. Ele cumpriu com excelência esta tarefa até sua morte em 847.

No entanto, com sua morte apareceram grupos que pretendiam impor seus candidatos ao patriarcado. O grupo mais radical queria evitar um novo surto dos iconoclastas e eram partidários de que se escolhesse um patriarca forte e rigoroso. O outro lado era formado por pessoas mais tolerantes, favoráveis a que se fizessem as coisas de modo mais sensato e sem revanches. O novo patriarca eleito foi Inácio (do grupo moderado), homem preparado e que tinha sofrido a perseguição iconoclasta em sua própria pele. Parecia o candidato que poderia satisfazer aos dois grupos.

No ano de 856 houve um golpe de estado e Miguel III (856-867) subiu ao trono imperial, mas o Patriarca Inácio se manteve fiel ao antigo imperador, sendo, portanto, deposto e exilado no ano de 858. Foi substituído por Fócio, candidato do partido mais radical e favorável ao novo imperador. O imperador e o novo patriarca escreveram cartas aos bispos orientais e ao papa comunicando as mudanças e pedindo seu reconhecimento. O Papa Nicolau I enviou alguns de seus legados a Constantinopla para investigar o caso. Inácio foi trazido do exílio, mas não aceitou ser julgado pelos legados. Estes, frente à sua obstinação, o excomungaram e reconheceram Fócio como novo patriarca. Durante a visita dos representantes pontifícios se celebrou o sínodo de Constantinopla (861) no qual se renovou a condenação da iconoclastia e se confirmou no cargo o novo Patriarca Fócio.

Contudo, quando voltaram a Roma, Nicolau I os acusou de terem extrapolado suas funções. O papa enviou uma carta ao imperador na qual dizia que não reconhecia a validade do sínodo celebrado em 861, que não aceitava Fócio como o novo patriarca e que exigia a recondução de Inácio à sede de Constantinopla. No ano de 863 se reuniu um sínodo em Latrão no qual foram condenados os legados e Fócio. O imperador respondeu irado dizendo que o assunto não era de competência do papa, mas de um sínodo bizantino.

Paralelamente a esta disputa, também havia o conflito de jurisdição sobre as terras eslavas (Ilíria e Bulgária). Como já indicamos, estas terras estavam sob a jurisdição de Roma até que em meio ao conflito iconoclasta o Imperador Leão III as transferiu para a jurisprudência de Constantinopla. O papado nunca aceitou esta mudança e menos ainda nesse momento, já que os eslavos e os búlgaros tinham pedido para se converterem ao cristianismo. Missões latinas ou missões gregas? Tanto Roma quanto Constantinopla exigiam aquelas terras como próprias. Este problema missionário também estava por detrás das tensões entre as suas sedes. Fócio convocou um concílio oriental em Constantinopla no ano de 867 no qual excomungou o papa. Entre outras coisas, argumentava que a Igreja latina usava a fórmula *filioque* que afirma que o Espírito Santo precede não só do Pai, mas também do Filho, e se critica a proibição do matrimônio aos clérigos, e jejum do sábado, e a unção batismal administrada por simples clérigos. Todos temas secundários, mais disciplinares que doutrinais, mas, nesse contexto, foram usados para atacar Roma.

Nesse mesmo ano, o deposto Basílio I mandou matar Miguel III, recuperando o trono. Fócio foi exilado e o imperador quis recuperar a comunhão com Roma, convidando o papa (ou seus representantes) para participar de um novo concílio ecumênico. O Papa Adriano II (867-872) aceitou, mas exigiu também uma série de reconhecimentos sobre os direitos da sede romana que deixaram Basílio I e o Patriarca Inácio estupefatos. Contudo, o concílio foi convocado e foi aberto em outubro de 869.

CELEBRAÇÃO DO CONCÍLIO

O concílio foi celebrado na Basílica de Santa Sofia, e contou com a presença dos legados pontifícios e dos patriarcas de Constantinopla, Antioquia e Jerusalém, com a assistência de apenas mais 12 bispos.

Fócio compareceu ao concílio para escutar as acusações contra ele sem responder a nenhuma delas. Permaneceu em silêncio durante todo o processo.

Na 10ª e última sessão, celebrada em 28 de fevereiro de 870, foi aprovada uma série de cânones que tratavam sobre a paz e a comunhão entre as sedes de Roma e Constantinopla, sobre a condenação de Fócio e seus seguidores e sobre várias questões eclesiais.

Vale destacar o cânon 21 no qual se afirma o primado de Roma e se confirma que Constantinopla mantém o segundo lugar de honra depois da sede petrina. A hierarquia da pentarquia ficou assim estabelecida: Roma, Constantinopla, Alexandria, Antioquia e Jerusalém. Também se afirmou que ninguém pode se dirigir ao papa com termos como fez Fócio, atacando sua pessoa e se atrevendo a excomungá-lo. Decreta-se que, quem for contrário à figura do papa, seja excomungado e anatematizado.

CONSEQUÊNCIAS

Uma das consequências do concílio foi o reconhecimento da Bulgária dentro da jurisdição missionária da Igreja de Constantinopla. Mas a Igreja oriental tinha ficado muito aniquilada com a anulação de todas as ordens expedidas durante o patriarcado de Fócio. De fato, Inácio escreveu várias vezes ao papa pedindo o cancelamento desta condenação, pelo menos para os clérigos menores. Adriano II e em seguida o seu sucessor João VIII (872-882) não aceitaram.

Com a morte de Inácio no ano de 878, Basílio chamou novamente Fócio, que foi nomeado patriarca. O papado viu-se obrigado a aceitar, mas sem mudar nada do que o concílio de 869-870 estipulara. Fócio convocou um concílio oriental no ano de 879 no qual se reuniram 383 bispos. A pedido do Imperador Basílio, solicitando que o papa enviasse legados pontifícios para o bem das Igrejas cristãs, o Papa João aceitou enviar representantes a este concílio oriental (que não é considerado ecumênico). Neste concílio, Fócio conseguiu aprovar alguns decretos que matizavam a importância da sede petrina e que readmitiam o clero ordenado durante seu antigo patriarcado, além de confirmarem a legitimidade de Fócio.

Os legados tinham recebido instruções de facilitarem as coisas, já que o papa tinha conseguido ajuda dos bizantinos para se defender dos ataques muçulmanos que da Sicília ameaçavam a Itália e a própria Roma. Em prol do bem comum e da paz, Roma e Constantinopla retomaram suas relações, aceitaram tudo o que se tinha afirmado nos concílios anteriores. No caso de Roma, aceitava-se Fócio como patriarca legítimo (Inácio já estava morto), e também se cedia a jurisdição missionária sobre a Bulgária. Em troca, Roma e Constantinopla voltavam a formar uma frente comum contra a expansão muçulmana.

I Concílio de Latrão (1123)

Celebrado na cidade de Roma, foi aberto em 18 de março de 1123 e encerrado no dia 11 de abril de 1123. Foi convocado pelo Papa Calixto II (1119-1124). Conciliares: entre 300 e 1.000 bispos. Temática: sobre a liberdade e a reforma da Igreja e a questão das investiduras.

Antecedentes

A partir do século VIII, como já indicamos, o papado se desvinculou do poder imperial de Bizâncio e inaugurou uma nova relação com os poderes ocidentais emergentes. Os primeiros com os quais estabeleceu uma aliança de mútua defesa e ajuda foram os povos francos. À época governavam os carolíngios. Com Pepino o Breve, primeiramente (751-768), Carlos Magno (768-814) e Luís o Piedoso (814-840) em seguida, se iniciou uma política na Cristandade ocidental na qual o papa e o império estavam relacionados. Dependendo dos diferentes personagens e momentos históricos, esta aliança entre império e papado foi mais positiva, mas, também houve momentos de tensão e enfrentamentos.

Já desde o início se podia perceber o perigo de reproduzir no Ocidente o cesaropapismo bizantino, quando no sínodo de Frankfurt (794), Carlos Magno e seus bispos se opuseram ao desejo do papa de aceitar os decretos e resoluções do II Concílio de Niceia (787). Por isso, o papado sempre temeu que um império demasiadamente forte pudesse deliberar e até mesmo controlar a Igreja e o papado. Os sucessivos pontífices procuraram fortalecer o papel dos pontífices justamente para assegurar a liberdade e a autonomia da Igreja das ingerências civis.

E alguns casos a debilidade do papado (como no triste episódio do século de ferro) mostrou a pertinência deste temor: se o papa era demasiado fraco, outras forças políticas (locais ou estrangeiras) o controlavam e o manipulavam segundo seus interesses. Por isso, sempre existiu um desejo contínuo de reforma da Igreja que a fortalecesse, a purificasse e a permitisse exercer o seu papel com liberdade. A partir do século XI uma série de papas reformadores quiseram libertar a Igreja de uma sequela própria do feudalismo, o que os levou a um enfrentamento contra reis e especialmente contra o imperador germânico. É o que se conhece com o episódio da luta das investiduras.

Ironicamente o papado precisou da interferência imperial para se libertar do domínio a que estava submetido por parte de algumas famílias romanas (nominalmente a família dos Teofilacto). Em um concílio celebrado em Sutri no ano de 1046, o Imperador Henrique III apelando a um antigo benefício concedido a Oto I pelo Papa João XII no ano 962 (o *Privilegium Ottonianim*) convocou o concílio e depôs os três papas que naquele momento havia na Igreja ocidental, fruto de uma luta interna entre diferentes grupos. Clemente II (1046-1047) foi eleito para dar cabo a este episódio cismático e devolver a unidade e a paz à Igreja. Foi com Clemente II que se iniciou uma série de papas (muitas vezes eleitos pelo imperador contra as normas canônicas vigentes, mas com critério) que inicia o período que se chama de Reforma Gregoriana, e que durará até a Concordata de Worms de (1122) e a Concordata de Veneza (1177).

Durante essa profunda e difícil reforma interna da Igreja, um dos episódios mais complexos foi quando a Igreja (o papado concretamente) reclamou para si o direito de nomear e investir os bispos nos vários reinos. Cabe destacar que muitas vezes essas nomeações eram feitas por poderes civis, já que com frequência o bispo era também um senhor feudal que também devia obediência e lealdade a seu monarca. Precisamente o problema era este: Quem elege os bispos? A Igreja ou o poder civil? Que critério se impõe sobre o outro? O político ou o pastoral? Na maior parte dos reinos este assunto teve solução rápida. A pedra no caminho foi o Império Romano-germânico, onde os bispos tinham um poder feudal bastante grande, já desde o tempo de Carlos Magno. Ninguém, à exceção do papa, podia enfrentar o imperador para reclamar o direito das investiduras. Foi um tempo de disputas entre os juristas e os canonistas que deviam dotar a Igreja de autoridade legal e moral para reclamar o que era seu.

O período mais crítico deste enfrentamento, conhecido como a questão das investiduras, foi protagonizado pelo Imperador Henrique (1054-1106) e pelo Papa Gregório VII (1073-1085). Depois de quase cinco anos de enfrentamentos mais ou menos duros entre o papado e o império, finalmente se chegou ao acordo conhecido com o nome de Concordata de Worms, firmado no ano de 1122 entre o Imperador Henrique V (1111-1125) e o Papa Calixto II (1119-1124). Em observância a este acordo tão esperado, o Papa Calixto convocou o I Concílio de Latrão, em Roma.

Celebração do concílio

Deste concílio não chegaram até nós atas ou outras fontes, o que limita muito as possibilidades de compreender seu desenrolar. Sabemos que foi aberto em 18 de março de 1223 e foi encerrado no início de abril após tratar do difícil tema do episcopado. O concílio foi presidido pelo Papa Calixto II e estiveram presentes um número indefinido de prelados de todo o Ocidente. Algumas crônicas falam de quase 1.000 presentes, outras falam de mais de 500 bispos, outras ainda reduzem este número a 300. Possivelmente houve sessões com maior número de participantes e outras com menor, de qualquer modo, no entanto, podemos considerar um número importante de conciliares.

O lugar escolhido para celebrar o concílio foi a residência do bispo de Roma, os palácios lateranenses, ao lado da Catedral de Roma, São João de Latrão. A sala conciliar fora construída no tempo do Papa Leão II (795-816), e podia ser acessada diretamente da Basílica de São João.

Do Concílio de Latrão chegaram até nós 25 cânones.

A grande reforma da Igreja, conhecida como Reforma Gregoriana (em honra a Gregório VII), se concretizou nos três primeiros concílios de Latrão (1123, 1139 e 1179).

Nestas sessões se combateram e corrigiram os abusos eclesiásticos, especialmente a simonia (compra e venda de cargos) e o nicolaísmo (o concubinato). Deu-se especial atenção às realidades próprias, tanto da ordem monástica quanto da ordem secular.

O tema das investiduras e das ingerências laicais e a nomeação de cargos eclesiásticos foram tratados com muita profundidade. Foi condenada qualquer ingerência civil sobre a Igreja e seus membros (cânones 8, 9 e 12).

Também se deu muita atenção à *cura animarum*, ou seja, ao cuidado das almas, como primeira e principal missão dos clérigos (cânones 1, 18 e 19), com menção específica às tarefas pastorais. O concílio também fortaleceu a autoridade episcopal sobre as Igrejas locais, muitas vezes enfraquecidas pelas ingerências civis sobre benefícios e fundações.

Finalmente falou-se sobre as peregrinações, as cruzadas (as indulgências foram confirmadas) e as Tréguas de Paz (já proclamadas no ano de 1095).

Este concílio foi o primeiro de uma série de grandes concílios reformadores que legislaram muitas vezes sobre as mesmas problemáticas e desafios, sem desviar-se ou perder a constância.

Consequências

As normas conciliares foram promulgadas e aplicadas muitas vezes através de sínodos locais nos quais os bispos, metropolitas e arcebispos procuraram aplicar os decretos em seus territórios.

De qualquer modo, cada reino tinha um ritmo próprio quanto à aceitação e aplicação das reformas eclesiásticas. Assim, a Inglaterra de Henrique I, por exemplo, foi um ponto de conflito (por causa do Arcebispo Tomás Becket), enquanto que no império e na Itália as reformas foram aplicadas com mais rapidez (graças aos acordos de Worms) e nos reinos hispânicos, por sua vez, as mesmas reformas obedeceram à dinâmica da reconquista.

Os acordos firmados e os decretos proclamados ainda seriam postos à prova por futuros imperadores e monarcas que não acolhiam bem a ideia de que o papa nomeasse os prelados e clérigos mais importantes em seus reinos. Esta tensão entre o império e o papado, ou entre Igreja e poder civil continuará ao longo dos séculos posteriores, dando origem a enfrentamentos mais ou menos fortes, que não terminaram enquanto a Igreja não perdeu o poder político no século XIX.

II Concílio de Latrão (1139)

Celebrado na cidade de Roma, foi aberto em 2 de abril de 1139 e fechado no dia 17 de abril de 1139. Convocado pelo Papa Inocêncio II (1130-1143). Conciliares: dependendo das fontes, foram entre 500 e 1.000. Temática: sobre a liberdade de reforma da Igreja e o cisma de Anacleto II.

Antecedentes

A eleição do Papa Inocêncio II inaugurou um pequeno período de tensão entre os papas eleitos por dois grupos de cardeais. Um dos grupos, majoritariamente francês, elegeu o novo papa, Inocêncio II, enquanto um segundo grupo, alguns dias depois, elegeu Anacleto II. Parecia que a era mais obscura dos papas e antipapas voltara, mas a intervenção (armada, inclusive) do Imperador Lotário, também a favor de Inocêncio, deu fim a este minicisma de maneira bastante rápida, embora Anacleto tenha mantido suas pretensões papais até sua morte no ano de 1138.

No ano seguinte, 1139, Inocêncio II já reconhecido como papa legítimo por todos os grupos, convocou um concílio no Palácio de Latrão.

A brevidade do concílio leva a se perguntar sobre a real necessidade de uma assembleia tão difícil de organizar e realizar. Mas a temática tratada indica que realmente era conveniente.

No fundo, os temas tratados no I Concílio de Latrão estavam tão arraigados dentro da estrutura eclesial que era necessário confirmar e fortalecer os decretos que conduziriam a Igreja até a sua plena reforma.

Os problemas da simonia, do nicolaísmo assim como várias matérias de disciplina eclesiástica ainda eram plenamente vigentes 20 anos depois do I Concílio de Latrão. Por isso, os papas posteriores continuaram insistindo e se afinando cada vez mais em torno destes assuntos graves. Ademais, se quis dar uma imagem de unidade em torno ao Pontífice, indicando também que o cisma de Anacleto estava superado definitivamente.

Celebração do concílio

O concílio foi aberto e presidido pelo Papa Inocêncio II no dia 2 de abril na sala conciliar dos palácios lateranenses. O número dos presentes que encontramos na crônica de Otão de Freising oscila entre 500 e 1.000. Outras fontes, que não indicam um número preciso, afirmam que a presença de bispos, abades e prelados foi muito numerosa. Do Oriente esteve presente apenas o patriarca latino de Antioquia.

O discurso inicial do Papa Inocêncio II foi dirigido especialmente aos bispos, recordando-lhes seu ministério e sua responsabilidade no momento de dirigir sua diocese para o bem do povo de Deus, lutando e defendendo suas liberdades frente às ingerências civis (um pedido difícil já que em muitos lugares o bispo era também a maior autoridade civil).

O papa enfatizou que a saúde da cabeça da Igreja é vital para que o corpo possa viver tranquilo e em paz. Por isso, aproveitou para condenar a eleição do antipapa Anacleto e avisou seus correligionários que atacar a cabeça da Igreja significa pôr em perigo todo o corpo eclesial. Ao final do concílio foram excomungados o Cardeal Pedro de Pisa e o Bispo Rogério da Sicília, principais defensores do antipapa Anacleto.

Os decretos conciliares foram 30, e deve-se mencionar que chegaram até nós graças às publicações levadas a cabo pelo Cardeal Barônio no século XVI no seu *Liber censuum* da biblioteca vaticana e graças a compilação feita também no século XVI pelo arcebispo de Tarragona, Antônio Agostinho e Albanell.

No concílio se retomaram e confirmaram algumas normas de um sínodo local celebrado em Clermont (novembro de 1130), assim como também algumas de outros sínodos celebrados em Pisa e Reimns (entre maio e junho de 135).

No concílio também ficou estabelecida de uma maneira mais articulada e estruturada a nova jurisprudência papal sobre a qual se tinha construído a liberdade e a fortaleza da Igreja. Estes decretos e esta jurisprudência anunciada e representada no II Concílio de Latrão estão compilados e ampliados nos Decretos de Graciano (1140-1150) indicando a importância da reflexão canônica sobre o papado feita durante as sessões conciliares. Vale destacar os cânones 2, 6, 8, 19, 21, 26, 27 e 28. De um total de 30 é possível fazer ideia da importância que se dedicou às funções e autoridade do papa.

Seguindo esta mesma esteira, o concílio também quis indicar e determinar (assim como definir e delimitar) as funções e a autoridade dos bispos de maneira mais clara possível. Fazia-se menção especial de que os bispos velassem para que fossem respeitadas as tréguas de Deus[1] (cânon 12). Além disso, como dado curioso, se desejava que os bispos tivessem poder de impor penas severas aos pirômanos, até o ponto de lhes negar sepultura em terra consagrada caso morressem sem se arrependerem (cânon 18).

Finalmente, o concílio impunha um autocontrole aos próprios bispos caso não aplicassem os decretos e as normas acordados

---

1 Períodos predeterminados de cessação da violência, em geral coincidindo com festas cristãs, tais como o período da Páscoa ou do Natal [N.T.].

no concílio, chegando à pena de até um ano de suspensão em seu ministério episcopal.

Dentre os cânones mais importantes deve-se destacar os que eram destinados a renovar as condenações contra a simonia e que falavam das vestimentas dos clérigos e dos bispos pedindo austeridade e sobriedade (cânon 4).

Outros cânones confirmavam as penas e as normas indicadas no I Concílio de Latrão sobre o concubinato dos clérigos (cânon 7). Apesar de tudo, ainda se tinha em mente a época não tão distante na qual, não em todos os lugares, era obrigatório por lei observar a castidade e, portanto, encontramos cânones destinados a evitar que os filhos dos clérigos pudessem ter direitos sobre heranças ou propriedades (cânon 16). Também se estipulava que os filhos de clérigos não podiam aceder à carreira eclesiástica.

Recordavam-se também quais eram as prerrogativas reservadas aos clérigos e quais aos laicos, salvaguardando o que é próprio da Igreja, sob pena de excomunhão para quem as infringia (era uma confirmação dos direitos adquiridos na Concordata de Worms). Para evitar abusos, proibia-se a ordenação de pessoas demasiadamente jovens (cânon 10).

Também foram formulados cânones para regular a moral pública dos laicos. Assim, se condenava a usura como um crime execrável. De fato, quem quer que praticasse a usura ficava impedido do acesso à vida consagrada, a menos que manifestasse sincero arrependimento (cânon 13).

Encontramos ainda alguns cânones que fazem referência às núpcias, sendo possivelmente os registros mais antigos que temos sobre o reconhecimento do matrimônio como sacramento dentro da Igreja Católica (cânon 25).

Além disso, o concílio também se manifestou contrário às associações femininas dedicadas ao cuidado dos enfermos ou a obras de caridade que não viviam de forma regular e aprovada pela Igreja (cânon 26). O concílio as convidou (e as ordenou) a viver dentro da vida monacal regular.

Por último, se posicionou em decreto contra o antipapa e seus seguidores.

Também foram tratados um grande número de casos particulares como a concessão do *pallium* a Teobaldo, arcebispo de Cantuária; a canonização do Monge Sturm, fundador da Abadia de Fulda; e as disputas entre os mosteiros de Saint-Berti e Cluny, disputa da qual Cluny sairá vencedor.

Consequências

Esse concílio, assim como o precedente e o seguinte, tem como principal objetivo fortalecer e concretizar melhor a reforma da Igreja, que durante os séculos XI e XII ocupou todas as forças, tanto dos papas quanto dos numerosos bispos, teólogos, canonistas e monges de toda a Cristandade.

A história nos ensina que, apesar de todos esses esforços, a luta para erradicar os vícios que tinham se instalado em alguns setores eclesiais era titânica, e, por isso, não isenta de fracassos. A reforma não deixou de manter com persistência um curso que não perdeu de vista durante esses séculos, alcançando grandes resultados em muitos sentidos.

III CONCÍLIO DE LATRÃO (1179)

Celebrado na cidade de Roma, foi aberto no dia 5 de março de 1179 e encerrado no dia 17 de abril de 1179. Foram celebradas três sessões. Convocado pelo Papa Alexandre III (1159-1181). Participantes: cerca de 300. Temática: sobre a liberdade e a reforma da Igreja e as heresias cátara e albigense.

ANTECEDENTES

A situação política na Itália após a morte do Papa Adriano IV (1154-1159) era extremamente complicada. No conclave apareceram dois candidatos fortes, um deles foi eleito e escolheu o nome de Alexandre III (1159-1181). O outro candidato, o Cardeal Otaviano de Montecelio, não aceitando a derrota e apoiado pelo Imperador Frederico I (1152-1190), se autonomeou novo Pontífice com o nome de Vitor IV (antipapa de 1159 a 1164). Este antipapa se impôs graças ao fato de que o Imperador Frederico Barba Ruiva, nesse mesmo ano, invadiu a Itália, Roma inclusive, para reafirmar seu poder sobre o que ele considerava a parte sul do seu império.

Este movimento bélico do imperador se contextualiza dentro do conflito entre império e papado, que ainda tinha como pano de fundo a questão das investiduras e as lutas entre o poder secular e o poder espiritual (*regnum vs. sacerdotium*). Muitas cidades italianas se puseram ao lado do papa, pois queriam se tornar independentes do domínio imperial, uma desculpa perfeita para que os exércitos imperiais invadissem o território.

A tensão entre o papado e o império não terminou com a morte do antipapa Vitor IV, já que depois dele ainda houve os antipapas Pascoal III (1164-1168) e Calisto III (1168-1178). O conflito terminará com o Tratado de Veneza (1177), no qual se restabelecerá a união eclesial com o retorno à obediência dos cismáticos ao sucessor de Pedro e a retomada de todo o patrimônio eclesial usurpado pelo imperador durante o conflito.

Já durante as negociações de paz, se percebeu a necessidade de se convocar um concílio que ajudasse a restabelecer a paz e a concórdia assim como para definir e concretizar os acordos estabelecidos entre o império e o papado.

Celebração do concílio

Do III Concílio de Latrão temos pela primeira vez a lista de todos os participantes. No total constam 94 participantes, embora o número real deva ter ultrapassado os 300. Um número significativo foi de bispos do centro e do norte da Itália (cerca de 124) que eram os mais interessados na paz entre o Império e o papado, já que suas regiões tinham sofrido arduamente durante o conflito bélico.

Havia também representantes da Inglaterra, França, Irlanda, Alemanha, dos reinos hispânicos, Dalmácia e dos reinos latinos da Terra Santa. Embora não nos conste, mas, a julgar pela quantidade de temas relativos ao monacato, é de se supor que também compareceu um elevado número de abades e priores. Sabemos também que todos os reis, príncipes e imperadores enviaram seus representantes.

Mesmo que não conservemos as atas conciliares, temos uma grande quantidade de textos contemporâneos que nos relatam o desenrolar do concílio, assim como numerosas coleções de Decretais onde constam as decisões jurídicas e canônicas tomadas pelo concílio.

Foi aberto em 5 de março de 1179 na sala conciliar de Latrão. Foram celebradas três sessões (nos dias 5, 7 e 19 ou 22), todas durante o mês de março. Na última sessão (19 ou 22 de março) foram publicados os 27 capítulos conciliares.

A principal finalidade do concílio era reformar a posição da Igreja que tinha sido duramente posta à prova nos últimos decênios. Era necessário se fortalecer ante o império ao mesmo tempo em que se continuava a obra de reforma interna. Por esse motivo continuamente se citam os cânones do I e do II Concílio de Latrão.

No concílio foi decretada uma série de normas referentes à disciplina e à ordem interna da Igreja que serão muito importantes e criarão precedentes no futuro. De fato, os cânones referentes à disciplina eclesiástica do II Concílio de Latrão serão incluídos nos Decretais dos séculos XII e XIII, e novamente repetidos no Extra composto por Gregório IX. De fato, os estudiosos destacam o primor e a precisão jurídica dos decretos conciliares. Não por acaso o próprio Alexandre III era um reconhecido canonista.

Um dos elementos que o concílio quis esclarecer para evitar problemas futuros foi o tema das eleições papais. Muito já se tinha sofrido com este problema. Por isso se decretou que para ser eleito Pontífice eram necessários 2/3 dos votos dos presentes no conclave. Em seguida, o concílio declarou nulas todas as ordenações e nomeações feitas pelos antipapas (cânon 2).

Fez-se um esforço notável para regulamentar o *officium* episcopal. Como nos dois concílios precedentes, se procurou fortalecer e até esclarecer e delimitar o dever e funções do bispo. Sem dúvida, para levar adiante a reforma da Igreja, os bispos eram elementos--chave; portanto, era necessário fortalecer e definir suas funções, privilégios, força e limitações. Foi decretado que a idade mínima para se tornar sacerdote era de 20 anos, e para se tornar bispo, 30. Além disso, houve decretos sobre as visitas pastorais e como estas deveriam ser realizadas (cânones 4, 6, 14 e 15).

Também se ponderou sobre os estipêndios e as remunerações dos bispos, proibindo que se aceitasse dinheiro para cargos e nomeações feitas sem o *placet* canônico. Também se estipulou quanto poder e limites tem o bispo para castigar seus subordinados, indicando quais instrumentos tem a seu alcance, e, recordando que em todo processo sempre se pode apelar a Roma como última instância.

Isto não apenas reforçava a autoridade do papa sobre todas a Igrejas e bispos, mas também oferecia uma última oportunidade de solução imparcial nos litígios entre clérigos.

Novamente se legislou sobre as dispensas aos cruzados, as condenações contra a usura, se proibiu o comércio com muçulmanos e hereges, se decretou a obrigação de manter cemitérios próprios para os leprosos e que esses estão dispensados de pagar dízimos ou taxas à Igreja.

Finalmente, falou-se sobre os cátaros, um grupo ainda muito incipiente e localizado ao norte da Europa ou em algumas regiões do Pirineo aragonês. Estes foram convidados a se retratarem de seus erros; caso contrário, deveriam ser excomungados.

Durante o concílio se apresentou uma delegação dos "pobres de Lyon", seguidores de Pedro Valdo (1140-1205), que apresentaram sua tradução da Bíblia e solicitaram permissão para que os seculares pudessem pregar. Apesar de não conseguirem o que queriam, continuaram em comunhão com a Igreja e não sofreram condenação alguma. Nos anos seguintes esse grupo acabará se convertendo em uma seita que entrará em conflito violento com a Igreja, que terminará perseguida e excomungada.

A partir de agora, podemos observar a diferença entre os concílios antigos e os medievais no trato com os hereges. Nesse último, a heresia é vista cada vez mais não somente como um perigo em matéria de fé, mas também como uma ameaça a toda a sociedade. Por isso, aparece o braço secular que tem como missão tratar os hereges como um setor enfermo e perigoso que deve ser extirpado.

Também foram excomungados os grupos armados de ladrões e bandidos que assolavam regiões como Brabante, Tréveris, Aragão, Navarra e Basconia.

Consequências

Os concílios celebrados em Latrão tiveram uma vigência universal com soluções práticas e concretas aos problemas que sacudiam a Igreja contemporânea. A reforma *ad intra* e a consolidação *ad extra* ocuparam os legisladores e canonistas da época, buscando e encontrando, em conjunto, princípios claros e transparentes que, com a força da lei, fortaleceram a Igreja e purificaram sua missão.

O III Concílio de Latrão, de modo especial, representou um momento-chave na definição da função episcopal assim como da maneira de tratar o problema cada vez mais presente das heresias.

IV CONCÍLIO DE LATRÃO (1215)

Celebrado na cidade de Roma, foi aberto no dia 11 de novembro de 1215 e encerrado em 30 de novembro do mesmo ano. Foi celebrado em três sessões. Convocado pelo Papa Inocêncio III (1198-1216). Participantes: cerca de 500 bispos e 900 abades e priores. Temática: sobre a liberdade e a reforma da Igreja, as heresias cátaras e albigense.

ANTECEDENTES

O concílio já tinha sido planejado pelo Papa Lúcio III (1181-1185) embora não tivesse sido levado a cabo nem mesmo no pontificado seguinte.

A celebração do IV Concílio de Latrão está dentro do quadro da dinâmica sinodal da reforma gregoriana, que já desde Leão IX (1049-1054) se desenvolve e aplica graças à celebração de concílios e sínodos locais (Leão IX viajou por toda a Cristandade, convocando e presidindo muitos sínodos locais) para que os bispos e o clero do lugar se envolvessem seriamente na reforma. Os grandes concílios foram celebrados em Roma, mas em seguida os decretos deveriam ser aplicados em cada diocese, daí a importância e a necessidade dos sínodos locais.

O segundo instrumento da reforma foi o dinamismo canônico que se produziu do século XI em diante. Especialmente o *ius vetus*, incluído no Decreto (*Concordia discordantium canonum*) de Graciano, foi um instrumento muito importante para legislar e marcar de forma muito concreta todos os elementos da reforma eclesial.

Quando Inocêncio III chegou ao trono de Pedro, o momento político tornou-se novamente muito complexo. Recordamos que se passaram cerca de 20 anos desde que o Tratado de Veneza (1177) pôs fim, pela segunda vez, à luta entre o império e o papado, mas a realidade era muito mais frágil do que os pontífices pretendiam indicar. O jovem Imperador Henrique IV (1165-1197) dentro de seu projeto de expandir o império para o sul do Mediterrâneo queria incorporar os reinos de Nápoles e da Sicília. Vale dizer que, desde a era normanda, o papado considerava Nápoles como um reino subsidiário que devia pagar tributo feudal à sede romana e, portanto, o considerava como parte do próprio patrimônio. O conflito entre papado e império estava garantido, mas a morte prematura do Henrique IV impediu que se materializasse. Ironicamente o tutor do novo menino imperador, Frederico II, era o novo Papa Inocêncio III.

Enquanto isto, na Germânia, tinham-se formado dois grupos que tinham eleito dois imperadores diferentes. Um grupo tinha eleito o irmão do defunto Henrique IV, Filipe de Suábia (1197-1208), que era reconhecido pela França; o outro grupo, por sua vez, elegeu Otão IV (1197-1215) que contava com o apoio da Inglaterra. Inocêncio III, com o escopo de manter o controle sobre toda a Itália, permaneceu neutro na primeira fase do conflito. À medida que a polêmica continuava, Inocêncio conseguiu de Otão IV o reconhecimento de todos os direitos e privilégios da Igreja, assim como de todos os territórios reclamados pela sede petrina. A partir deste acordo (Declaração de Espira de 22 de março de 1209), Inocêncio tomou partido no conflito ao lado de Otão IV, que será coroado imperador de Roma no mesmo ano. Mas Otão não respeitou os acordos e, de fato, invadiu territórios do patrimônio da Santa Sé e iniciou a invasão dos reinos de Nápoles. Inocêncio então o excomungou (1210) e fez suas apostas em Henrique VI, seu protegido, como novo imperador, que se tornará Frederico II, coroado imperador em Aquisgrão no ano de 1212 depois da derrota de Otão IV na Batalha de Bouvines.

Outro elemento importante que precedeu o concílio foi a expansão e consolidação da heresia cátara no sul da França. O papa autorizou uma cruzada contra os hereges que durou de 1209 a 1229, com a paz de Paris. A primeira resposta da Igreja frente à heresia cátara foi o envio de pregadores franciscanos e dominicanos, contudo, com o assassinato do legado papal, tudo se precipitou e as aspirações políticas sobre o território tanto do rei francês quanto do nobre Simão de Montfort provocaram o conflito armado que foi especialmente duro e longo.

Outro elemento de conflito foi a Quarta Cruzada que comportou, contra os desígnios papais, a conquista de Constantinopla e a criação do Reino Latino Oriental (1204-1264) que prejudicou terrivelmente as futuras relações entre as Igrejas orientais e ocidentais. A supressão do patriarcado grego e a imposição do patriarcado latino em Constantinopla romperam durante séculos as relações entre as duas Igrejas irmãs, até boa parte do século XX (com a reconciliação entre Paulo VI e o Patriarca Atenágoras). Inocêncio III não deixou de sonhar com uma nova cruzada que desta vez realmente fosse à Terra Santa para recuperar Jerusalém, perdida no ano de 1187 pela mão de Saladino. De fato, o concílio estabeleceu o ano de 1217 como data para uma nova cruzada da qual participasse toda a Cristandade. O projeto nunca saiu do papel, já que o Papa Inocêncio, seu grande promotor, morreu em 1216.

Foi em meio a toda esta situação tão complexa e, em partes, convulsa, que Inocêncio levará a cabo a convocação do concílio, com o qual esperava resolver todos os numerosos assuntos em aberto. Queria encerrar de uma vez por todas a luta das investiduras e alcançar o respeito pelo direito da Igreja por todas as instituições civis. Queria reconciliar-se com a Igreja oriental para poder levar a cabo o projeto de uma nova cruzada. Queria também fortalecer a Igreja frente aos ataques das heresias e erradicar, de uma vez por todas, esse perigo que ameaçava o Ocidente.

CELEBRAÇÃO DO CONCÍLIO

O concílio foi aberto e presidido pelo Papa Inocêncio III no dia 11 de novembro de 1215. Foi celebrado em três sessões: nos dias 11, 20 e 30 de novembro de 1215. Foram convidados cerca de 500 bispos de todo o mundo cristão, faltando o patriarca de Constantinopla e dos gregos, à exceção dos patriarcas maronitas da Síria e de um delegado do patriarca de Alexandria. Em contrapartida, compareceram bispos da Hungria, Bohemia, Polônia, Estônia e Lituânia. Também participaram todos os abades gerais das ordens de Cister e Cluny, dos beneditinos e dos premonstratenses. Também não faltaram os Grão-Mestres do Templo e dos Hospitalares.

O Imperador Frederico II, os reis da Inglaterra, França, os reinos hispânicos, Hungria, estados croatas... todos enviaram representantes ao concílio. Se pode afirmar que toda a Cristandade, tanto a eclesiástica quanto a secular, estiveram presentes no IV Concílio de Latrão. De fato, tanto pela temática quanto por suas consequências sobre a vida da Igreja, o IV Concílio de Latrão (12º concílio ecumênico) é, seguramente, o concílio mais importante celebrado pela igreja medieval.

Do concílio surgirão setenta capítulos que foram incorporados aos decretais canônicos. O próprio Papa Inocêncio III também era jurista reconhecido e educado em Paris e Bolonha.

No início da 1ª sessão encontramos uma profissão de fé voltada principalmente ao combate contra as heresias dos cátaros. Também para rebater as heresias de berengários de Tours (1000-1088), o concílio elaborou teológica e doutrinalmente o conceito da transubstanciação na Eucaristia. O concílio também condenou as ideias trinitárias e apocalípticas do monge cisterciense Joaquim de Fiore (1135-1202).

Na verdade, o concílio dedicou enormes esforços ao combate das heresias, algumas antigas e outras contemporâneas, especialmente a dos cátaros e valdenses, temática já presente no III Concílio de Latrão, mas que se complicara cada vez mais. O concílio reforçou o papel da Inquisição para combater estas heresias contra a fé.

O concílio também emitiu decretos sobre a vida sacramental dos leigos, indicando a obrigação de confessar-se uma vez ao ano e de comungar também uma vez ao ano ao menos por ocasião da Páscoa. O concílio se demorou com seriedade sobre a vida sacramental e nas constituições, entre a 14ª e a 22ª, tratou exaustivamente esta temática. Versou amplamente também sobre as obrigações do episcopado e do clero em suas funções e tarefas pastorais. Vale mencionar que em vários sentidos, estas constituições favoreceram a clericalização da Igreja, seguindo, aliás, a dinâmica já iniciada no século XII e levada à sua máxima expressão no século XIII.

A maioria das constituições aprovadas não foi elaborada durante o concílio, mas já estava preparada previamente pela Cúria. O concílio as discutiu e aprovou nas três sessões celebradas em um mês.

Consequências

Embora haja muitos aspectos do IV Concílio de Latrão que poderiam ser destacados, nos deteremos sobre o que a maioria dos especialistas indicam: este concílio foi um momento jurídico e canônico único na história dos concílios ecumênicos.

Seus cânones, diferentemente dos concílios anteriores, têm um caráter eminentemente pastoral dirigidos a fortalecer e melhorar o cuidado das almas.

No século XIII se pode perceber que havia diminuído tanto o problema do concubinato quanto da simonia e que a *plenitudo potestatis* do pontífice tinha sido reforçada como nunca, graças, especialmente, ao movimento canônico e aos concílios e sínodos celebrados por toda a Cristandade.

A matéria pendente que Inocêncio III não conseguiu solucionar foi a de dotar a estrutura diocesana e episcopal de uma ordem e controle maior sobre seus territórios e sobre a vida dos religiosos e dos movimentos espirituais que estavam surgindo, convertendo-se, o bispo, em verdadeira cabeça da diocese. Essa problemática ainda ficará pendente por dois séculos e meio até a grande reforma de Trento.

Contudo, se pode afirmar, sem medo de exagerar, que o que representou o Vaticano II para a Igreja contemporânea foi o que representou o IV Concílio de Latrão para a Igreja da Idade Média em muitos sentidos.

I Concílio de Lyon (1245)

Celebrado na cidade de Lyon (França), foi aberto em 28 de junho de 1245 e encerrado em 17 de julho do mesmo ano. Convocado pelo Papa Inocêncio IV (1243-1245). Conciliares: cerca de 200 bispos. Temática: sobre a liberdade e a reforma da Igreja e a crise política entre a Igreja e o Imperador Frederico II (1220-1250).

Antecedentes

Com a morte de Inocêncio III (1216), durante o pontificado de Gregório IX (1217-1241) as relações entre o império e o papado começaram novamente a se complicar, já que o Imperador Frederico II não queria que a monarquia papal se consolidasse em detrimento de seu próprio poder.

Seguindo a tendência iniciada durante a reforma gregoriana os canonistas do século XIII continuaram fortalecendo e legislando em favor da plenitude do *sacerdotium* com superioridade sobre o *regnum*, consolidando e fortalecendo a *plenitudo potestatis* papal para defender a Igreja de qualquer ingerência civil tanto local quanto real ou imperial. O canonista do século XIII Henrique de Susa (inícios do século XIII-1271), seguindo as diretrizes do Papa Gregório IX, foi o maior expoente nas tratativas referentes ao papel superior da Igreja em relação aos poderes temporais.

A resposta de Frederico II a esta situação foi militar e política. Frederico, já desde os tempos de Inocêncio III, era rei do sul da Itália (Nápoles e Sicília) e da Itália meridional. Iniciou, então, uma campanha de conquista das cidades lombardas (a partir de 1237). Sua intenção era tomar posse de toda a península itálica, deixando os territórios papais isolados e rodeados de possessões imperiais, exercendo assim uma evidente pressão política sobre o papado e, deste modo, freando qualquer pretensão do domínio espiritual sobre o temporal. Para frear a ofensiva legal e canônica da Igreja, Frederico usou a força das armas e a coerção.

O Papa Gregório excomungou Frederico por duas vezes. A primeira no ano de 1227 sob a acusação de não cumprimento da promessa de pôr em marcha uma nova cruzada contra os muçulmanos. A segunda no ano de 1239 já mais diretamente relacionada com o crescente poder imperial sobre a Itália. Entretanto, Frederico procurava forjar uma aliança com Henrique III da Inglaterra e Luís XI da França para deter politicamente as crescentes pretensões e usurpações políticas da autoridade pontifícia. Frederico também apelou a um conselho geral para frear Gregório IX, alegando ante os cardeais que não queria ir contra a Igreja, mas contra a figura de um papa que se excedia em suas funções e que tinha pretensões que prejudicavam a paz universal e a Cristandade. Então, da parte do império começaram a surgir acusações contra o papa tratando-o como herético, simoníaco, hipócrita e, finalmente, Anticristo.

Entre os anos de 1239 e 1241 a situação se agravou. Enquanto o papa confirmava a excomunhão de Frederico e enviava seus legados à Germânia para colocar a população contra o Imperador, Frederico, por sua vez, em acordo com seus nobres e bispos, não aceitou a excomunhão e iniciou uma nova invasão à Itália. No ano de 1240 as tropas imperiais entravam em Marca de Ancona, ocupando Ravena e Espoleto. Gregório convocou um concílio para responder à ameaça e perigo que corria a Igreja ante um imperador excomungado. Apesar da presença das tropas imperiais às portas de Roma, os romanos permaneceram fiéis a Gregório, mas este morreu em 21 de agosto de 1241. Então, Frederico ocupou a cidade.

O trono de Pedro ficou vacante durante oito meses, até que finalmente em Anagni foi eleito o novo Papa Inocêncio IV (1243-1254). Frederico II enviou seus emissários ao papa para discutir as questões pendentes com seu antecessor. Mas, Inocêncio IV não se deixou impressionar e, sabendo que tinha o apoio de Gênova, Milão e Veneza, não queria renunciar a uma Itália sob o controle pontifício e, portanto, a um controle italiano e não estrangeiro. Portanto, levou adiante a política de seu predecessor, Gregório IX. Enquanto duravam as conversações cada vez mais tensas entre o imperador e o papa, Inocêncio IV conseguiu fugir de Roma, que estava rodeada pelas tropas imperiais, e conseguiu chegar a um barco genovês que o ajudou a chegar ao norte da Itália, de onde continuou a viagem até a cidade de Lyon, onde Inocêncio se sentia seguro. Lyon fazia parte do império, mas estava sob o controle do arcebispo e tinha excelentes rotas de comunicação tanto em direção à França quanto à Germânia. Em 27 de dezembro de 1244, Inocêncio IV convocou um concílio geral em Lyon que seria aberto em 24 de junho de 1245. Em 13 de abril de 1245 Inocêncio IV renovou a excomunhão de Frederico II. O imperador proibiu seus bispos de comparecerem, mas alguns vulneraram esta proibição.

Celebração do concílio

O concílio foi aberto em 24 de junho de 1245. Os presentes somaram entre 150 e 200 conciliares, majoritariamente bispos hispânicos, franceses, ingleses e, em menor número, italianos e imperiais. O imperador havia bloqueado as vias de acesso, tanto por terra quanto por mar, de seu reino, para impedir a presença de padres conciliares de seu território. Tampouco puderam comparecer muitos bispos orientais, por causa das dificuldades geradas pelos muçulmanos e pela invasão dos tártaros em regiões orientais. Ainda assim os patriarcas de Antioquia, o Patriarca Nicolás de Constantinopla e Bertoldo, patriarca de Aquileia, puderam comparecer.

Pela primeira vez, além dos abades gerais das ordens beneditinas, Cluny, Cister, Claraval e Saint-Bertin, estiveram presentes representantes das ordens mendicantes de recente constituição, o canonista João, o Teutônico, pelos dominicanos e o franciscano João de Parma.

Deste concílio conservamos as Atas, uma crônica de Mateus de Paris (a *Cronica maiora*) e uma obra anônima (seguramente de um membro da Cúria) conhecida como *Brevis nota eorum quae in primo concilio Lugdunensi generali gesta sunt*, que nos dão todas as informações sobre seu desenrolar.

A sessão de abertura foi celebrada na Catedral de Lyon, e o papa falou dos cinco males que afligiam a Cristandade naquele momento: os pecados dos eclesiásticos (a reforma *ad intra*); a perda de Jerusalém (no ano de 1244 a cidade já tinha caído definitivamente nas mãos dos muçulmanos); a agonia do império latino do Oriente (de criação recente e grande fragilidade); os ataques dos mongóis contra a Europa do Leste e a perseguição do Imperador Frederico II à Igreja.

O papa, então, se pronunciou duramente contra o imperador e suas ações vergonhosas. Ponto a ponto relataram os delitos de Frederico e, apesar de que seus defensores argumentassem contra, o papa contestou todas as intervenções renovando o ataque contra o imperador.

O concílio aconteceu em três sessões celebradas nos dias 28 de junho, 5 e 7 de julho.

Dos cinco temas apresentados pelo papa na sessão inaugural como os grandes problemas da Igreja naquele momento, houve praticamente um único tema constante nas três sessões conciliares: o processo aberto contra o Imperador Frederico.

O imperador residia em Verona naqueles dias e, perante a gravidade e a severidade das acusações contra ele, seus advogados pediram que se apresentasse ao concílio para se defender, mas o papa confirmou o dia 17 de julho como data-limite para a última sessão conciliar, impossibilitando a chegada do imperador em tempo.

Na última sessão foram publicados os 22 decretos conciliares, 5 dos quais iam diretamente contra o Imperador Frederico II, indicando sua indignidade para ocupar o cargo que exercia. Foi renovada sua excomunhão, seus súditos foram liberados da obediência que lhe deviam, sinalizando que também seriam castigados com a excomunhão se continuassem o ajudando, e foram convocados os príncipes eleitores para elegerem um novo imperador. Frederico foi acusado de violar a paz entre a Igreja e o império, de sacrilégio por ter agido contra clérigos, concretamente contra vários bispos no ano de 1241, e de heresia por ter se oposto ao papado e ter confabulado com o Islã. As crônicas deixam notar a perplexidade de muitos dos padres conciliares porque nunca se tinha feito nada parecido.

O imperador viveu ainda cinco anos, mas vendo seu poder se derreter dia a dia. Os franciscanos e dominicanos propagavam pela Germânia todo tipo de acusações e condenações contra o imperador e as cidades italianas e a Lombardia se rebelaram contra ele. Enquanto os defensores do imperador alegavam que não tinham tido ocasião para se defenderem no concílio, o papa lhes negava os sacramentos e não os queria receber.

Neste novo conflito entre Igreja e império, o poderio imperial se apagava enquanto se confirmava a suprema *potestas* da Igreja através da figura do Sumo Pontífice.

Consequências

Contudo, além de outros decretos e resoluções, o I Concílio de Lyon entrou para a história como a afirmação do absolutismo do papa sobre os poderes civis. Do período de tempo em que se estrutura e elabora a *Plenitudo Potestatis* do papa, que vai desde o *Dictatus papae* (de Gregório VIII em 1075) até a bula *Unam Sanctam* de Bonifácio VIII no ano 1303, o I Concílio de Lyon pode ser considerado o ponto intermediário entre estes dois momentos capitais.

A vitória de Inocêncio IV sobre Frederico II é digna da luta entre dois absolutismos que duelavam para obter a supremacia. Dois poderes ou duas espadas (segundo a expressão do Papa Gelásio do século V) que já não podem coabitar, mas que tem necessidade de se impor hierarquicamente e precisam se impor para se justificar. Trata-se de um enfrentamento que não conhecerá trégua.

No I Concílio de Lyon a vitória será do papado, mas os poderes civis (neste momento um emergente reino da França passará a ter importância do império) não deixaram de combater a *Plenitudo potestatis* papal e o que ela significa, até mudá-la em benefício próprio. É a luta que acompanhará a Igreja durante os séculos seguintes. Luta esta que não vencerá.

II Concílio de Lyon (1274)

Celebrado na cidade de Lyon, foi aberto em 7 de maio do ano de 1274 e encerrado em 17 de julho do mesmo ano. Convocado pelo Papa Gregório X (1272-1276). Conciliares: cerca de 550 bispos. Temática: sobre a liberdade e a reforma da Igreja e a união das Igrejas do Oriente e do Ocidente.

Antecedentes

Com o retorno do reino de Bizâncio sob a dinastia dos paleólogos, o reino latino de Constantinopla desapareceu (1261). Não obstante o fato de que durante os 157 anos em que os latinos ocuparam Constantinopla as relações entre as igrejas latinas e grega tenham passado seu pior momento, poucos anos depois, por iniciativa tanto de Gregório X (1272-1276) quanto do Imperador Miguel VIII Paleólogo (1260-1282), as conversações para pôr fim ao cisma e recuperar a unidade foram retomadas com muita intensidade.

Deve-se dizer que sob o breve, porém extraordinariamente frutífero pontificado de Gregório X, encontramos uma Igreja liderada por pessoas muito capazes e com grande sensatez tanto jurídica quanto eclesial, teológica e espiritual. Em muitos sentido, o século XIII foi um século de ouro para a Igreja ocidental.

O alto nível teológico, pastoral e ecumênico do II Concílio de Lyon, se deve especialmente à qualidade dos que dele participaram e ajudaram a prepará-lo. De um lado encontramos canonistas como o dominicano Humberto de Romans (1200-1277) e o canonista Guilherme Durando (1237-1296), ou teólogos como Alberto Magno (1206-1280), Tomás de Aquino (1225-1274) e o franciscano Boaventura de Bagnoregio (1217-1274). Do mesmo modo, devemos destacar os orientalistas Guilherme de Moerbeke (1215-1286) e Pedro Hispano (1220-1277).

Os desafios aos que tinham que enfrentar esta Igreja bem-preparada e ativa em muitos níveis, foram sempre problemáticos no campo político. Já indicamos as dificuldades prévias com o império contra o qual encontraram a vitória (pírrica) no I Concílio de Lyon durante o pontificado de Inocêncio IV. Com a morte de Clemente IV (no ano 1268), a Sede de Pedro ficou vacante por causa de uma divisão entre os partidos curiais que prolongaram o conclave durante quase três anos. Finalmente, os cidadãos de Viterbo (cidade na qual estavam reunidos os cardeais para o conclave) agiram de maneira contundente reduzindo ao mínimo a comida dos cardeais e chegando até a retirar o telhado da casa onde estavam reunidos. Frente a esta pressão, finalmente, em 1º de setembro de 1271, o conclave elegeu Teobaldo Visconti, que assumiu o nome de Gregório X. Teobaldo tinha uma longa carreira diplomática e canônica o que lhe deu suficiente preparo para assumir a responsabilidade pontifícia com grande conhecimento da situação política na Cristandade. De fato, quando foi eleito, ele estava em Acre, o último bastião das cruzadas na Terra Santa. Viajou a Roma e foi coroado papa em 27 de março de 1272.

No dia 11 de março de 1273 convocou um novo concílio ecumênico em Lyon e seis meses antes pediu que vários bispos e teólogos preparassem as questões a serem debatidas sobre a reforma dos costumes da Igreja. Das poucas informações de que dispomos, vale destacar as que oferece o Bispo Olmütz, que indicava que se devia falar sobre os abusos nas ordens monacais e também do excesso de privilégios das novas ordens mendicantes. Também indicava a necessidade de definir melhor o sistema paroquial.

Portanto, o concílio devia trabalhar especialmente a reforma do *modus vivendi* assim como do *modus operandi* do clero secular e religioso. Outro tema proposto era a organização de uma nova cruzada para recuperar a Terra Santa.

Finalmente, o terceiro tema importante foi a reunificação das Igrejas latina e grega. Na verdade, as conversações já estavam abertas desde o papado de Clemente IV (1265-1268); os teólogos e orientalistas curiais já tinham elaborado uma série de documentos que a Igreja grega deveria aceitar: reconhecimento do *filioque*; reconhecimento de que somente a Sé petrina tinha a *plenitudo potestatis* e à qual todas as Igrejas patriarcais deveriam se submeter e o reconhecimento do purgatório. De fato, com estas exigências, mais do que uma reconciliação, se tratava de um ato de submissão, mas as necessidades político-estratégicas de Miguel VIII impunham a exigência de uma aliança com o Ocidente para sobreviver como reino Bizantino ante os ataques dos árabes e dos mongóis. Apesar de que especialmente o clero e o monacato de Constantinopla tenham rechaçado as petições de Roma, o Imperador Miguel as aceitou. Ele tinha necessidade da aliança com o papado para receber a ajuda de que precisava para salvar o resto do Império Bizantino.

CELEBRAÇÃO DO CONCÍLIO

No dia 7 de maio de 1274 foi aberto o II Concílio de Lyon, com a presença de cerca de 300 bispos, 70 dos quais vindos do Oriente. Embora todos os príncipes e reis cristãos tenham enviado seus representantes, o único monarca presente foi o Rei Jaime I de Aragão (1208-1276).

A presença da maioria dos grandes teólogos da época deu um sentido especial ao concílio. Infelizmente Tomás de Aquino morreu em Fossanova (nos arredores de Roma) enquanto se dirigia a Lyon para participar do concílio. Apesar de sua morte, a obra de Tomás, *Contra errores graecorum* (escrita em 1263 a pedido de

Urbano IV) esteve muito presente durante as conversações com as Igrejas do Oriente.

A delegação grega, liderada pelo Imperador Miguel VIII e o Patriarca José de Constantinopla, chegou a Lyon dia 24 de junho de 1274. Os orientais, sob a liderança e a pressão de Miguel VIII sobre o clero constantinopolitano, aceitaram submeter-se à Igreja de Roma.

O concílio foi celebrado em seis sessões gerais.

Na primeira, Gregório X indicou os três assuntos principais a serem tratados: a reforma da Igreja, a libertação da Terra Santa e a reunificação com a Igreja do Oriente.

Um sinal da força tanto do concílio quanto de Gregório X foi o consistório celebrado entre a segunda e a 3ª sessão, no qual o papa apoiou abertamente a Rodolfo de Habsburgo como novo imperador impondo-se sobre os demais candidatos, para dar fim ao interregno que se instaurara no império com a morte de Frederico II no ano de 1250. O novo imperador, em agradecimento, reconheceu todos os privilégios da Igreja acordados nos séculos precedentes, que desde Otão IV até Frederico II o império não tinha respeitado.

Durante a 3ª sessão foram aprovadas doze constituições sobre a eleição dos bispos e a concessão dos benefícios eclesiais, indicando os abusos que se devia proibir e condenar.

A união com a Igreja grega foi celebrada na festividade de São Pedro e São Paulo (29 de junho), numa missa solene celebrada por Gregório X, com os cardeais, bispos e outros prelados presentes. O evangelho foi cantado primeiro em latim e depois em grego.

Durante a 4ª sessão foram confirmadas as atas de união das duas Igrejas. O ex-Patriarca Germano e o Patriarca de Niceia, Teófano, presentes na sessão, foram incluídos nas fileiras da hierarquia católica, tomando lugar entre os cardeais.

A 5ª sessão foi adiada pela morte de Boaventura de Bagnoregio (14 de julho). Seu funeral foi presidido com grande solenidade pelo próprio Gregório X. Em seguida, começou a sessão na qual foram discutidos os termos da encíclica *Ubi Periculum*, sobre as eleições pontifícias e especialmente sobre o perigo de ter a Sé de Pedro vacante por muito tempo.

Em seguida, foram batizados dois enviados dos mongóis do Grande Khan dos tártaros, selando-se assim uma aliança anti-islâmica com os representantes mongóis enviados a Gregório X.

Finalmente, na última sessão, foram tratados os abusos e perigos na disciplina de vida das ordens regulares com especial menção à situação das ordens mendicantes (Constituição *Religionum Diversitatem*). Foram aprovadas uma série de medidas disciplinares.

Consequências

Segundo especialistas como Jedin, o II Concílio de Lyon se parece, em importância ecumênica, ao IV Concílio de Latrão, tanto pelo volume de pessoas que envolveu quanto pelas decisões tomadas e as consequências que teve posteriormente sobre a Cristandade.

Contudo, dois de seus principais objetivos não se cumpriram. A cruzada sonhada, nunca acontecera, e, na verdade, em 1291, o último bastião das cruzadas na Terra Santa, a cidade de São João de Acre, foi perdida pela mão dos mamelucos, encerrando, assim, definitivamente, o episódio das cruzadas.

Tampouco a tão desejada união com a Igreja oriental chegou à sua materialização. Miguel VIII vendo que as esperadas ajudas militares não chegavam, renegou os acordos, e tanto seu filho Andrônico II (1282-1328) quanto o novo patriarca de Constantinopla, Jorge, promoveram um sínodo oriental no qual declinaram dos tratados firmados em Lyon.

Finalmente, as reformas aprovadas pela Igreja, tanto para o clero secular quanto para o regular, foram levadas a cabo, contudo, não na medida e profundidade que queria Gregório X, fazendo com que mesmo nos anos posteriores os problemas tratados no II Concílio de Lyon continuassem dentro da Igreja.

O II Concílio de Lyon, apesar de tudo, foi um modelo por seu projeto, a seriedade e a profundidade das intervenções e a metodologia seguida. De fato, foi o último concílio ecumênico dirigido plenamente por um pontífice (K. Schart). Gregório X se impôs em todas as questões, tratadas seguindo seu critério.

Concílio de Viena (1311-1312)

Celebrado na cidade de Viena, foi aberto em 16 de outubro de 1311 e encerrado em 6 de maio do ano de 1312. Convocado pelo Papa Clemente V (1305-1314). Conciliares: cerca de 130 bispos. Temática: sobre a liberdade e a reforma da Igreja e o processo contra os Templários.

Antecedentes

O Concílio de Viena teve como protagonista o Rei Felipe IV da França (1285-1314) e o já falecido Papa Bonifácio VIII (1294-1303). O papa que convocou o concílio, Clemente V (1305-1314), diferente de seus predecessores, imprimiu uma triste característica ao papado do século XIV. Ele inaugurou uma sucessão de papas na sua maioria fracos e com grande dependência da França. Figuras como Inocêncio III, Inocêncio IV, Gregório X ou o próprio Bonifácio VIII foram legadas a um passado distante, papas que saíram vencedores de seus enfrentamentos contra o pretendido domínio civil sobre a Igreja. O século XIV será muito diferente.

O último grande enfrentamento do século XIII entre Igreja e poder real foi o protagonizado pelo Papa Bonifácio VIII e o rei francês Felipe IV. O Papa Bonifácio se sentou no trono de Pedro depois da renúncia de Celestino V (1294). Bom canonista e homem de comprovada experiência política, conduziu a reforma da Igreja com firmeza e bom-senso. Seu grande problema, no entanto, não viria do império, mas do rei francês Felipe IV, que estava disposto a mostrar que dentro do seu reino não havia outro senhor senão ele, o que incluía a Igreja francesa. O papa, ante os contínuos desafios do rei, manteve a postura combativa de seus predecessores, e foi o autor da Bula *Unam Sanctam* (1303), que é uma obra-prima na qual é expressa de maneira insuperável toda a força e autoridade da *Plenitudo Potestatis* dos pontífices.

Mas o Rei Felipe da França, aliado aos inimigos de Bonifácio, a família romana dos Colonna, manteve uma constante oposição às pretensões papais, obrigando aos bispos franceses a se oporem ao papado (o que de fato fez a maioria sob a pressão real), e usurpando privilégios e benefícios eclesiásticos dentro de seu reino em favor da coroa. O conflito teve um anedótico, mas significativo episódio final, quando soldados franceses, ajudados pelos Colonna, conseguiram entrar na Fortaleza Agnani onde estava o papa e, segundo a legenda, o esbofetearam. Os cidadãos de Agnani reconquistaram a fortaleza e libertaram o pontífice, mas este, pouco tempo antes de voltar a Roma, morreu, ao que se diz, de tristeza.

Então, Felipe IV iniciou uma campanha de difamação contra Bonifácio VIII que ainda será muito perceptível no Concílio de Viena.

O sucessor de Bonifácio foi um bispo francês que assumirá o nome de Bento XI (1303-1305) que nunca chegará a Roma, mas viverá em diferentes sedes no sul da França. Com sua morte, seu sucessor, outro bispo francês, Clemente V, tampouco viveu em Roma, mas decidiu se instalar "provisoriamente" na cidade de Avignon. Assim começou o que se chamou de "Cativeiro de Avignon" (1309-1377) em referência a uma série de papas de origem francesa que nunca residiram em Roma, preferindo viver em uma nova residência papal na cidade de Avignon. Não é necessário dizer que estes papas estarão sempre sob a suspeita de estarem sob o controle e a influência dos monarcas franceses.

O que é bastante certo é que o Concílio de Viena de 1311 foi mais um concílio promovido e dirigido pelo Rei Filipe IV da França do que pelo Papa Clemente V. E Filipe IV queria condenar

Bonifácio VIII (a ponto de exumar e queimar seu cadáver), queria sua *damnatio memoriae* destruir tudo o que ele havia representado (sobretudo a ideia de que o poder espiritual era superior ao temporal).

Em 1308 o Papa Clemente V aceitou abrir um processo contra Bonifácio, mas, ao final, conseguiu que o processo não chegasse a lugar algum. Evitou, inclusive, que o tema fosse tratado diretamente no concílio, embora tenha sido assunto de discussão em reuniões paralelas e secretas. A conclusão se tornou pública na última sessão conciliar em 6 de maio de 1312. E esta dizia que o rei havia desistido de sua acusação. Em contrapartida, Filipe IV conseguiu que se declarassem nulas todas as condenações e excomunhões que tanto ele quanto seus colaboradores tinham sofrido, especialmente seu ministro Nogaret. Outra concessão que obteve foi a suspensão da Ordem dos Templários que ele mesmo tinha criado em 1307. A Igreja lhe daria apoio no processo.

Celebração do concílio

O concílio foi aberto por Clemente V na Catedral de Viena. Estavam presentes também os patriarcas latinos de Alexandria e Antioquia. Com eles havia cerca de 150 bispos e por volta de 40 abades, além dos prelados. Na cerimônia, como máxima autoridade civil, compareceu apenas o Delfim João II.

Em seu discurso inaugural o papa indicou os três pontos importantes a serem tratados durante o concílio: a questão dos Templários, a recuperação da Terra Santa e a reforma dos costumes da Igreja. Esse foi o último concílio aberto por um papa até o século XIX. Em Constança, Basileia e Trento se iniciaria com a missa do Espírito Santo e com um discurso feito por um representante papal.

O concílio começava com um ano de atraso por causa do processo contra os templários. Esse processo fora começado com um golpe magistral do Rei Filipe IV em 13 de outubro de 1307 – em apenas uma noite foram presos todos os templários da França –, e deveria terminar durante o concílio. De fato, todo o processo era um ataque contra o Direito Canônico que era ao que estava sujeita (e por ele protegida) a Ordem do Templo. Contudo, os juízes papais não facilitaram o processo e continuamente contestavam testemunhas e provas porque não estavam de acordo com as leis canônicas (confissões feitas sob torturas, acusações sem provas...), por esta razão o processo se estendeu ainda meses para irritação do Rei Filipe. Os templários foram acusados de heresias, de sacrilégio, de blasfêmia e de adoração ao diabo... mais ou menos o mesmo que, meses antes, Filipe IV havia usado para atacar a memória do Papa Bonifácio VIII.

Na bula *Regnans in caelis*, o Papa Clemente V reuniu todas as acusações e as partes mais importantes do processo. Todo este processo foi revisado durante o concílio. As comissões que trabalharam no processo, aconselharam analisar com mais calma todo o processo e deixar aos templários a oportunidade de defesa. A presença do rei e seu exército ao redor da cidade (haviam chegado em 20 de março em meio às deliberações) impôs ao papa a continuação das condenações sem que os templários pudessem se defender. Em 3 de abril a ordem templária foi suspensa. O Rei Filipe IV esteve presente.

A reforma da Igreja foi o seguinte tema tratado. Estendeu-se desde fins de 1311 até janeiro de 1312. Clemente pediu que os bispos fornecessem informações exaustivas sobre as demandas que tinham em relação aos excessos cometidos por ingerências de poderes civis e de assuntos mais urgentes a melhorar entre o clero e suas dioceses. Os temas tratados foram sobre a corrupção da cúria papal e da corte pontifícia, sobre os abusos do episcopado, sobre o uso indiscriminado das penas canônicas, a atenção aos pobres e a formação do clero, sobre o insuficiente trabalho pastoral de muitos párocos, sobre a ausência dos bispos em suas dioceses, sobre a necessidade de reformar a liturgia, sobre o ataque aos privilégios e benefícios eclesiásticos por parte dos poderes civis...

Todo o trabalho foi subdividido segundo os países e reinos e foi classificado em duas grandes partes: o que era referente à reforma dos costumes (*mores*) e o que era referente às reivindicações das liberdades eclesiásticas (*gravamina*). Estas últimas faziam referência à violação de privilégios fiscais e jurídicos do clero, à coerção de bispos e clérigos por parte de forças civis, ao abuso sobre os direitos dos cabidos catedralícios outorgados por Roma, ou às colegiadas ou aos conventos... esta situação era decorrente, sobretudo, do processo de centralização e fortalecimento dos Estados seculares. Visto que as questões *ad intra* e *ad extra* eram muitas, o concílio pôde tratar apenas algumas delas. Contudo, esta lista de assuntos citados não caiu no esquecimento. Todos os temas assinalados como pendentes de correção foram tratados e corrigidos nos concílios do século XV e XVI.

O concílio também se debruçou sobre as diferenças que tinham surgido entre dois grandes grupos dentro da ordem franciscana: os conventuais e os espirituais. Já Clemente V tinha começado a tratar o tema no ano de 1307, mas agora no concílio se devia chegar a uma solução. Tratava-se definitivamente de duas visões sobre a maneira de viver o carisma de São Francisco. Enquanto uns defendiam a aquisição de bens necessários para viver e para sustentar e fomentar o estudo entre os membros da ordem, outros se apegavam ao *usus pauper*, ou seja, que a Regra franciscana não permitia possuir bens (ideia partilhada por todos) com o contexto interpretativo de que a Regra também implicava a obrigação explícita de nada possuir que não fosse vital para sobreviver. Portanto, havia duas espiritualidades, duas teologias, e duas visões em âmbito disciplinar na Ordem. O concílio se declarou mais favorável à corrente espiritual, sem tomar uma decisão definitiva. O problema subsistirá até que no início do século XVI, Leão X decretará a criação de dois ramos dentro da Ordem Franciscana, o dos Conventuais e o dos Observantes.

Consequências

O Concílio de Viena foi celebrado sob intensa pressão civil como a séculos não se via, o que impediu que se desenvolvesse com toda a sua força e potencial. Ademais, nas três sessões que foram celebradas, simplesmente se aprovou o que Clemente V já tinha apresentado precedentemente. As comissões e subcomissões, por sua vez, trabalharam com mais liberdade e também com melhores resultados. Tanto os que se encarregaram do tema dos templários (ainda que ao final se tenha imposto o que o rei e o papa decidiram) quanto os que trabalharam sobre a reforma da Igreja, trabalharam e decretaram com eficácia e deixaram o terreno preparado para que concílios posteriores concluíssem a tarefa. A divisão feita por "nações" e temáticas, serviu de precedente e exemplo a ser seguido pelos concílios vindouros.

Mesmo que tenha ficado muito trabalho pendente a fazer, o Concílio de Viena preparou o informe mais exaustivo, organizado, metódico e claro sobre os temas da reforma, os males a corrigir e o caminho para fazê-lo.

Concílio de Constança (1414-1418)

Celebrado na cidade de Constança (cidade imperial), foi aberto em 5 de novembro de 1414 e encerrado em 22 de abril de 1418. Convocado por Sigismundo I da Hungria e Germânia (1411-1437). Conciliares: cerca de 400 bispos e um numeroso grupo de leigos com voz e voto, segundo um sistema de voto estabelecido por "nações". Temática: encerramento do Cisma do Ocidente e a reforma *in capite et membris* da Igreja segundo uma nova eclesiologia e a heresia dos hussitas e dos lolardos.

Antecedentes

Quando no ano de 1378 a partir das discordâncias profundas entre dois partidos curiais, um grupo liderado pelo Cardeal Roberto de Genebra e com o apoio do Rei Carlos V da França (contrariado porque Gregório XI tinha deixado Avignon e regressado a Roma em 1377), declarou inválida a eleição do Papa Urbano VI (1378-1389), o grupo de descontentes celebrou um novo conclave em Fondi. Deste pseudoconclave saiu eleito precisamente Roberto de Genebra que escolheu o nome de Clemente VIII (1378-1394). Clemente tentou ocupar Roma e expulsar Urbano, mas os romanos, temerosos de que um novo papa francês levasse o papado novamente a Avignon, derrotaram as forças de Clemente, que não tiveram outra opção a não ser fugir e se instalar em Avignon sob a proteção do rei francês. Assim, no ano de 1378 havia dois papas, ao redor dos quais foram se congregando os distintos reinos. Dois papas, duas obediências. A Cristandade estava dividida.

Esta dupla obediência enfraqueceu o papado, os dois papas estavam dispostos a conceder privilégios e benefícios aos diversos reinos em troca de seu reconhecimento. No ano de 1409 foi convocado um concílio em Pisa para solucionar o cisma que se alastrava demasiadamente e estava prejudicando a Igreja em geral e o papado em particular. O concílio depôs os papas reinantes (Bento XIII por parte de Avignon e Gregório XII por parte de Roma). O concílio, então, elegeu o bispo de Milão como novo papa, assumindo o nome de Alexandre V. Mas, o concílio não tinha resolvido nada, já que nem Bento XIII, nem Gregório XII se demitiram. Agora não havia mais dois papas, porém três.

Ante uma situação que ameaçava seriamente romper com a Cristandade de maneira definitiva, os poderes civis e os curiais decidiram intervir e convocaram um novo concílio sob a direção de Sigismundo I. Outra vez nos encontramos com um concílio ecumênico que foi convocado não pelos papas, mas pelos poderes civis. Ademais, no século XIV tinha surgido uma nova doutrina que durante o Grande Cisma tinha ganhado muita força, e que agora se fazia muito presente no concílio: se trata do conciliarismo.

As raízes do conciliarismo se encontram em Marsílio de Pádua (1275-1342) e em Guilherme de Ockham (1285-1349). Segundo essa teoria, o concílio tem supremacia sobre a intenção papal. O poder da Igreja se funda sobre a assembleia dos fiéis. A estrutura hierárquica, não pretendida por Cristo, se organizou ao passar dos séculos por fatores humanos, contudo, não são esses fatores, mas o concílio, que representa toda a Igreja; e o concílio, portanto, está acima de todos os membros da Igreja, inclusive do papa. Trata-se, pois, de uma eclesiologia que contempla a todos os membros da Igreja por igual e considera que cada um tem seus deveres e obrigações. Segundo eles, o papado não tem a totalidade do poder supremo (tal como defendiam e articulavam os canonistas e curialistas), mas este poder é compartilhado por todo o povo. É o povo que delega este poder aos bispos e estes ao papa. Esta delegação pode ser retirada se o papa se equivoca e falha. No entanto, quem pode determinar se um papa se equivoca? A resposta é: o concílio. Portanto, diferente dos canonistas e defensores da *Plenitudo potestatis*, que defendiam que o papa tem toda a autoridade e nada está acima dele e ninguém o pode julgar (*Dictatus papae*), os conciliaristas dizem que o concílio (com o papa) é maior do que o papa (sozinho).

Portanto, em Constança, não apenas se devia solucionar um problema grave que consistia na necessidade de destronar ao menos dois papas, mas também seria o momento em que as teorias conciliaristas tomariam força e tentariam criar uma nova eclesiologia e, portanto, uma nova Igreja, muito diferente daquela proposta e elaborada durante a Idade Média. Era necessário fazer uma reforma profunda *in capitate et in membris* (na cabeça e nos membros). E os conciliaristas viam que Constança lhes daria a oportunidade de fazê-lo.

Assim chegamos ao ano de 1414. A Cristandade está dividida em três obediências papais. A obediência romana com Gregório XII (1406-1415), a obediência de Avignon com Bento XIII (1394-1415) e a obediência de Pisa com João XXIII (1410-1415).

Três opções foram apresentadas para solucionar o Cisma. Uma era a *via cessionis*, que consistia na demissão dos três papas e um novo e único papa seria eleito. Nenhum dos três aceitou, pois todos se consideravam legítimos. Havia também a *via conventionis*, na qual se propunha um Tribunal que determinasse qual dos três papas era o legítimo. Esta opção também não foi aceita por nenhum dos três. E, finalmente, havia a *via concilii*, que, apesar de não ser o que queria a maioria, foi a única possível. O próprio Papa João XXIII a acolheu com esperança, pois estava convencido de que o reconheceriam como o papa legítimo. Ao final, não foi assim!

A *via concilii* finalmente tomou forma graças ao interesse e empenho do Rei Sigismundo (futuro imperador) que organizou, pressionou e dirigiu a formação do concílio. O rei anunciou a convocação do concílio em 30 de outubro de 1413. Posteriormente, em 9 de dezembro de 1413, o Papa João XXIII também fez o mesmo. Tanto Bento XIII quanto Gregório XII tiveram que aceitar. Todos os monarcas europeus enviaram seus representantes. O Imperador Manuel de Constantinopla também foi convidado.

Celebração do concílio

O concílio foi inaugurado em 5 de novembro de 1414. Frente ao envolvimento dos poderes civis, dessa vez foi organizado segundo "nações", e não por número de participantes. Desse modo, os votos seriam por grupo, e não por participante. Foram estabelecidas quatro nações (agrupamentos de reinos segundo critérios estabelecidos). O colégio de cardeais seria uma espécie de "quinta" nação. Esse sistema já fora aplicado no Concílio de Pisa, embora apenas para as deliberações. No momento do voto, ele foi pessoal.

O concílio esteve sob a direção de João XXIII até a chegada de Sigismundo pouco antes do Natal, a partir daí, foi o rei da Hungria e futuro imperador quem assumiu a condução dos trabalhos.

O primeiro tema a tratar era a *causa unionis*. O caminho de solução foi depor os três papas existentes e eleger um novo que todas as nações e os cardeais reconheciam como o único papa legítimo. No momento de abdicar, tanto João XXIII (que chegou a fugir de Constança) quanto Bento XIII (que se refugiou em Peníscola), se mostraram contrários, mas o concílio os destituiu da mesma forma. Somente Gregório XII aceitou a renúncia com a condição prévia de que o concílio fosse novamente convocado sob a autoridade romana de Gregório XII. Assim se fez, e na 14ª sessão, Gregório XII, através de seus representantes em Constança, aceitou a renúncia.

Então, se decidiu levar a cabo um conclave para eleger o papa da unidade. Depois de longas deliberações os cardeais aceitaram que de maneira excepcional neste conclave, um grupo de representantes das nações presentes no concílio pudesse participar. A forma de votar se faria *per capta* e de forma pública, assim como a reduzida força do colégio dos cardeais fez com que a eleição fosse excepcionalmente longa e complexa. Finalmente foi eleito Martinho V (1417-1431). O Cisma tinha terminado e toda a Cristandade voltava a estar unida por uma só obediência papal.

Outro tema importante do concílio era a *causa fidei*. O grande problema tratado foi a revolta dos hussitas, iniciada desde o ano 1400 nos ambientes universitários, mas que crescera de maneira importante entre os húngaros. Em partes, Jan Hus e seus seguidores seguiam as ideias de John Wycllif, pedindo uma Igreja mais pobre, menos influente e menos política, com pedidos de que se traduzisse a Bíblia em língua vernácula e com discussão sobre a validade de alguns sacramentos. Jan Hus foi convidado a se defender no concílio, no entanto, apesar de ter um salvo-conduto imperial, seus inimigos aproveitaram para condená-lo à fogueira em 1415. Isto não só provocou as guerras hussitas (1420-1431), mas fará com que Lutero nunca esteja presente em nenhum encontro religioso com católicos e poderes civis durante os inícios da reforma protestante.

Finalmente, a terceira temática importante, a *causa reformationes*, também esteve presente desde o início, mas foi a partir de 1417 que se pôde ver o trabalho das comissões. Falou-se sobre as eleições papais, sobre as ordens mendicantes, sobre a organização e o poder real da Cúria, sobre a formação dos futuros sacerdotes e também sobre como mudar o sistema de benefícios e taxas.

Os grandes decretos de Constança foram *Haec santa* (em que se situa a autoridade do concílio acima da autoridade papal), *Frequens* e *Si vero* (em que se determina a frequência das convocatórias dos seguintes concílios).

Constança tinha encerrado o problema do Cisma do Ocidente, e tinha aberto novas formas de eclesiologia que marcarão a vida da Igreja e do papado ainda durante todo o século XV.

Consequências

Mesmo que Martinho V tenha aceitado a perda do poder do papado, ele não deixou de trabalhar para restaurar a autoridade pontifícia, especialmente sua vertente política e diplomática. Foi hábil suficiente para manter as convocatórias de concílios marcadas a *Frequens*, mas não cessou de fortalecer e restaurar a Cúria de Roma de modo que, tanto ele como seus sucessores, restauraram o papel do papa como superior a conciliarismo.

As futuras bulas *Dudum sacrum* (1433), *Moyses vir* (1439), *Etsi non dubitamus* (1441) recuperarão as prerrogativas apostólicas em detrimento das ideias de Constança. O conflito entre as eclesiologias será perceptível especialmente durante o concílio convocado em Basileia no ano de 1431.

Concílio de Basileia-Ferrara--Florença (1431-1445)

Celebrado na cidade de Basileia (cidade imperial), foi aberto em 23 de julho de 1431 e encerrado em Roma em 7 de agosto de 1445. Convocado pelo Papa Eugênio IV (1431-1447). Conciliares: cerca de 500 bispos. Temática: a reforma da Igreja. A união com as Igrejas do Oriente. A definição da eclesiologia que deveria configurar a Igreja.

Antecedentes

O concílio foi convocado pelo Papa Martinho V segundo as diretrizes do Decreto *Frequens* do Concílio de Constança. A convocatória foi feita ao final do Concílio de Pávia-Siena de 1423-1424. Martinho V morreu no ano de 1431, e seu sucessor, Eugênio IV manteve a convocatória do concílio.

Tanto o Papa Martinho V quanto o Papa Eugênio IV confirmaram relações e concordatas com todos os reinos cristãos, fortalecendo assim, a posição política e estratégica do papado. Ao mesmo tempo em que mantinham os acordos de Constança, também fortaleceram a Cúria com a intenção de recuperar a eclesiologia que a Igreja desenvolvera durante os últimos séculos, na qual a figura de um papado forte ajudava e protegia os direitos e benefícios da Igreja. Constança tinha mudado esta perspectiva e devia ser corrigida.

Foi durante o Concílio de Basileia que novamente foram vistas as diferenças entre estas formas de conceber e entender a Igreja. E o conflito irromperá! Tinha espaço para apenas uma eclesiologia, a outra deveria desaparecer.

CELEBRAÇÃO DO CONCÍLIO

O concílio foi aberto em 23 de julho de 1431, e foi presidido por um representante do papa. Sem que seus participantes soubessem, este concílio será o concílio mais longo da história da Igreja.

As temáticas a serem tratadas eram a erradicação dos hussitas, a paz entre as nações cristãs e a reforma da Igreja.

É importante dizer que o concílio inicialmente teve baixa participação de bispos, a ponto de fazer Eugênio IV concluir que a sede (uma cidade imperial no centro da Europa) não favorecia a presença dos bispos do sul e, com pouca visão estratégica, ordenou o traslado do concílio para a cidade italiana de Bolonha, nos estados pontifícios. A reação dos membros do concílio foi totalmente negativa. Os conciliares renovaram o Decreto *Haec sancta*, no qual se manifestava a superioridade do concílio sobre o papa e exigiram que Eugênio IV se apresentasse em Basileia.

Eugênio IV percebeu que a maioria dos cardeais e reis não estava disposta a romper as relações entre o concílio e o papado por medo de novamente se instaurar o cisma, e, paralelamente, fervilhavam diversas revoltas dentro dos estados pontifícios, o que colocava Eugênio IV em uma posição muito vulnerável. O papa, então, revogou a bula de dissolução e translado do concílio e fez as pazes. Entrementes, Sigismundo da Hungria tinha ido a Roma para ser coroado como novo imperador do Império Romano-germânico em 1433.

Contudo, o argumento do papa a favor do translado tinha um significado duplo. De um lado, a realização do concílio em uma cidade dos estados pontifícios, certamente lhe dava maior poder, mas, de outro, havia também a questão das Igrejas orientais e fazia já alguns anos que os acordos já estavam bastante avançados. Bolonha era uma cidade marítima, o que facilitaria a chegada dos bispos do Oriente. O Imperador João VIII Paleólogo (1425-1448) tinha assegurado sua presença se o concílio no qual se trataria sobre a união das Igrejas se celebrasse na Itália.

Em Constantinopla queria tratar com o papa e não com o concílio, por isto, reafirmaram sua vontade de ir à Itália e não à Basileia (para onde o concílio lhes convidara formalmente em 1433). Em Basileia foram apresentadas as duas propostas, mas uma minoria esteve de acordo com o translado para Bolonha, enquanto a maioria preferiu permanecer em Basileia. O papa apoiou a minoria e decretou o translado do concílio para Bolonha com a Bula *Doctoris gentium* (18 de setembro de 1437). Em Basileia houve uma rejeição total à bula e o papa foi acusado de extrapolar suas funções. A morte de Sigismundo I, possivelmente o único capaz de resolver o conflito, deixou livre o caminho para o enfrentamento entre concílio e papado. A minoria que estava de acordo com o translado deixou Basileia e se mudou para Ferrara (entretanto o papa havia decidido mudar de cidade). O concílio declarou a *suspensio a divinis* de Eugênio IV em janeiro de 1438. E Eugênio IV excomungou os que tinham permanecido em Basileia.

A irrupção deste conflito fez com que muitos conciliaristas moderados abandonassem Basileia e migrassem para o lado do papa. O mesmo ocorreu com os príncipes e reis, que preferiram apoiar a autoridade papal, à exceção da França que continuou dando apoio à Basileia. De fato, em 7 de julho de 1438, a França aprovou uma sanção pragmática de Bourges, que aceitava algumas das resoluções de Basileia, especialmente as que previam uma maior influência do rei nas eleições dos bispos, uma taxa paga pela Igreja ao Estado, e uma limitação de privilégios da Igreja. Esta sanção pragmática será a base da futura Igreja galicana que durante o século XVII causou muitos problemas em Roma. Algo parecido também aconteceu com o império que publicou decisões de Basileia como se fossem decisões da Dieta. Contudo, diferente da França, o império se declarou neutro na disputa entre o papa e o Concílio de Basileia.

A título da curiosidade, em Basileia, no ano de 1439, os padres conciliares que permaneceram na cidade, proclamaram o Dogma da Imaculada Conceição (um tema a favor do qual estavam os franciscanos escotistas e contra o qual estavam os dominicanos tomistas). Visto que os conciliares de Basileia tomaram partido pelo lado equivocado, posteriormente todos os decretos do concílio foram anulados. A Igreja Católica proclamou este dogma em 8 de dezembro de 1854 durante o pontificado de Pio IX.

Os conciliaristas que tinham deposto Eugênio IV elegeram um antipapa que assumiu o nome de Félix V (1439-1451). Mas Basileia perdia adeptos em ritmo rápido, e finalmente a França e o império tomaram partido ao lado do papa. Os conciliaristas de Basileia, sem nenhum tipo de apoio, se dissolveram em 1449. Com o encerramento do concílio cismático de Basileia, o conciliarismo recebeu um golpe mortal. Félix V se demitiu como antipapa e pediu para ser readmitido à comunhão eclesial, o que foi concedido pelo Papa Nicolau V (1447-1455), que era o sucessor de Eugênio IV.

Enquanto isso, voltando ao momento em que o papa transladou o concílio de Basileia para Bolonha (e depois para Ferrara), o concílio continuou trabalhando em vários temas abertos, entre eles a reconciliação com as Igrejas gregas. A continuação do concílio na nova sede em Ferrara foi inaugurada pelo representante do papa em 8 de janeiro de 1438. Depois de proclamar a legitimidade deste concílio, e de condenar o concílio cismático de Basileia, os padres conciliares iniciaram um novo trabalho. O Papa Eugênio IV chegou no final de janeiro e desde então, presidiu o concílio. As delegações gregas chegaram no mês de maio de 1438. Eram compostas pelo Imperador João VIII, pelo Patriarca José II de Constantinopla, pelo Metropolita Besarión de Niceia e pelo Metropolita Marco de Éfeso. Também compareceram metropolitas da Igreja russa de Kiev. A gentileza com que foram tratados os delegados gregos, contrasta com a dureza do II Concílio de Lyon.

Posteriormente o concílio foi transferido para Florença (1349), por motivos sanitários (em Ferrara havia se instalado a peste) onde os trabalhos continuaram. O concílio tinha sido dividido por *ordines* (não mais por *nationes* como em Constança e em Basileia) e, portanto, os grupos de trabalhos estavam formados, um pelos cardeais, patriarcas, metropolitanos e bispos, outro por abades prelados, clérigos, e um terceiro por leigos e doutores. Nas atas de união, os latinos somavam cerca de 120 conciliares, enquanto os orientais eram mais ou menos 20 patriarcas e por volta de 700 membros de comitiva. O decreto de união (*Laetentur coeli*) foi publicado em 6 de julho de 1439. Entre os anos de 1439 e 1445 foram firmados os acordos de união com outras Igrejas do Oriente que não estavam sob a esfera de Constantinopla.

As sessões do concílio acabaram sendo transladadas para Roma em agosto de 1445, embora não tenham mais acontecido. Na verdade, não temos sessão de encerramento propriamente dita. Se poderia dizer que o concílio se deu por encerrado com a morte de Eugênio IV em fevereiro de 1447.

Consequências

Semelhante ao que aconteceu no II Concílio de Lyon, a união das Igrejas latinas e gregas foi promovida mais por interesses políticos do que por vontade religiosa, sendo o imperador e não os patriarcas o seu grande promotor. Quando os problemas políticos não chegaram à solução esperada, que na prática era a ajuda militar do Ocidente contra os turcos, os acordos de união novamente foram rompidos. A Queda de Constantinopla em 1453 e o desaparecimento do Império Bizantino eliminaram qualquer imposição política sore a Igreja oriental. E a separação voltou a viger com as Igrejas gregas mais importantes. O concílio conseguiu acordos de união também com outras Igrejas orientais, como a dos armênios (1439), dos jacobitas egípcios (1442), dos sírios da Mesopotâmia (1444), dos caldeus e dos maronitas (1445). Os acordos de união se mantêm até os dias atuais.

Basileia-Ferrara-Florença representou também o enfrentamento definitivo entre as duas visões de Igreja que já tinham se manifestado em Constança. A vitória do partido do papal e curial foi contundente, mesmo assim, significará um mau precedente que fará com que o papado e a cúria vejam com reticência a convocação de um concílio, fato este que retardará as reformas necessárias da Igreja, que no Renascimento novamente se fará muito visível, até adiar demasiadamente o pedido e urgente concílio durante a crise luterana do século XVI. Finalmente, o tão necessário concílio será convocado em Trento, mas os papas nunca comparecerão. Preferiam permanecer em Roma e daí dirigi-lo. Poderíamos dizer que é possível supor que tinham certo receio de se apresentarem ao concílio, temendo a possibilidade de um reaparecimento do espírito do conciliarismo.

V Concílio de Latrão (1512-1517)

Celebrado na cidade de Roma (Palácio de Latrão), foi aberto pelo Papa Júlio II (1503-1513) em 3 de maio de 1512 e encerrado em 16 de maio de 1517 pelo Papa Leão X (1513-1521). Conciliares: 100 bispos. Temática: matérias de disciplina da Igreja.

Antecedentes

Depois da vitória sobre o conciliarismo, demorará mais de meio século para convocar outro concílio ecumênico. De qualquer modo, o V Concílio de Latrão tampouco soube estar à altura das circunstâncias, apesar de que os papas do final do século XV eram muito conscientes da necessidade de reformar a Igreja, começando pela Cúria. Assim como seus imediatos predecessores, Alessandro VI (1492-1503) criou uma comissão para levar a cabo a reforma da Cúria. Contudo, o projeto nunca passou da apresentação de um informativo, exaustivo certamente (a comissão trabalhou muito bem), mas arquivado. De fato, se Júlio II convocou um concílio, foi precisamente para fazer acontecer o que esses informativos pediam; mas, tal como indicam os estudiosos deste concílio, "foi uma grande oportunidade perdida" (H. Jedin). Erasmo de Roterdã contemporâneo do V Concílio Lateranense, dirá que "o recente concílio não foi um concílio de verdade".

O próprio Lutero, em datas contemporâneas, reclamava um concílio de reforma. Embora, posteriormente dirá que a verdadeira reforma teria que vir do próprio Deus e não de bispos e cardeais.

O papado e a Cúria do Renascimento tinham se convertido em uma instituição altamente centralizada, mas ainda pouco eficiente e sobretudo com muitas mazelas e corrupção para pretender (e menos ainda fazer) uma verdadeira reforma. Como fator positivo se pode pontuar o fato de que a Igreja deu um grande salto no que tange a compreensão de seu tempo e, de fato, foi protagonista central no desenvolvimento das artes, da cultura, e do pensamento da época, convertendo-se na principal referência cultural e política de toda a Itália em um tempo em que esta era exemplo e guia para todas as nações cristãs. No entanto, a Igreja foi ao mesmo tempo absolutamente incapaz de entender os problemas que a rodeavam e que estavam manifestando sinais do desastre que estava sendo gestado de maneira alarmante.

Os papas, desde Nicolau V até Júlio II, foram mais papas de restauração do que de reforma.

De fato, o V Concílio Lateranense foi uma resposta de Júlio II a um concílio convocado pelo rei da França, Luís XII (1498-1515), que ameaçou o papa. Esse concílio foi celebrado em Pisa em 1511. Luís XII pretendia atacar o papa, que, por sua vez, atacava os franceses na Itália, já que Júlio II foi principalmente um papa guerreiro que queria libertar a Itália da presença de estrangeiros (especialmente dos franceses). A respostas de Júlio II ao pseudoconcílio de Pisa foi convocar um concílio ecumênico no Latrão. Com o concílio, o papa queria recordar a todos quais eram as atribuições e a jurisdição papal. Ademais, na bula convocatória (*Sacrosanctae Romanae Ecclesiae*), o papa declarava nulo o Concílio de Pisa e qualquer decisão tomada em suas sessões.

Os objetivos do concílio, continuava afirmando o papa, eram: combater a heresia, extinguir o cisma nascente, promover a reforma dos costumes do clero e, finalmente, promover uma cruzada contra os turcos.

Celebração do concílio

Em maio de 1512 teve lugar a sessão de abertura do concílio sob a atenta observação de Júlio II, inicialmente, e de Leão X, em seguida.

O concílio foi dividido em dois períodos (o de Júlio II de 1512-1513 e o de Leão X de 1513 a 1515) e constou de 12 sessões. O número de presentes, segundo a maioria das fontes, foi de cerca de 100 bispos, embora outras fontes elevem este número a 400 em algumas sessões. A maioria dos conciliares eram italianos, fato que, segundo algumas opiniões, põe em discussão seu valor ecumênico. A Igreja Católica o reconhece como o 18º concílio ecumênico.

Em seu primeiro período, marcado pelo enfrentamento entre Júlio II e Luís XII, se tratou quase que unicamente do pseudoconcílio de Pisa e da sanção pragmática. Somente no segundo período, com Leão X, foram tratados temas referentes à reforma da Igreja. De qualquer modo, se destacou a necessidade e urgência da reforma, mas também se indicou que somente ao papa competia liderá-la, deixando assim os padres conciliares com poucas opções além de aconselhar.

A problemática com a França foi solucionada com uma nova concordata que foi publicada na 8ª sessão do concílio, em 19 de dezembro de 1516, já durante o pontificado de Leão X.

A única definição dogmática promulgada pelo V Concílio Lateranense foi sobre a imortalidade da alma (dezembro de 1513).

No entanto, o tema-chave continuava sendo a reforma da Igreja. No discurso de Júlio II ficou claro que, para ele, a reforma significava um retorno às normas e ao direito, e a restauração da moral e da disciplina. No ano de 1513, dois camaldulenses venezianos (Tommaso Giustiniani e Vicenzo Quirini) apresentaram um programa de reformas (*Libellus ad Leonem X*) muito exaustivo que incluía um programa factível e positivo de reforma: revisão da legislação eclesiástica, unificação da vida monástica, unificação e nova organização da liturgia, restabelecimento da união com as Igrejas gregas, e, inclusive, missões para a evangelização do novo mundo. Era um projeto preclaro, muito realista e consciente dos tempos que se vivia, que colocava no concílio suas esperanças de evitar os males que estavam cada vez mais próximos de sacudir a Igreja.

Contudo, o concílio elaborou decretos muito mais modestos. Na 8ª sessão (1513) se legislou sobre os pagamentos à Cúria; na 9ª (1514), sobre a eleição dos bispos, o ensinamento do catecismo e a defesa dos bens da Igreja; na 10ª (1515), sobre os Montepio e as ajudas econômicas, assim como sobre os livros proibidos; na 11ª se falou sobre a pregação e a problemática com os mendicantes e os privilégios que tinham... O ministro-geral dos agostinianos, Egídio de Viterbo, esperava que o concílio fosse o instrumento que evitasse o triunfo dos inimigos da Igreja (cismáticos e hereges). Em seu discurso, pediu aos padres conciliares e ao papa que fossem eles os grandes dinamizadores de uma reforma sobre a qual todo o mundo falava, mas ninguém levava a cabo.

O concílio não fez caso dos avisos que chegavam do norte da Cristandade. Nada fez contra o acúmulo de cargos e benefícios, nada fez contra a ausência de bispos e padres em suas responsabilidades pastorais...

O concílio acabou publicando várias constituições que, diferente de Constança, Basileia e inclusive Trento, não tinham um viés jurídico na sua formulação, mas foram redigidas seguindo o modelo das bulas papais.

Um dado anedótico: na última sessão (16 de março de 1517) se leu e aprovou a bula *Temerariorum quorundam* contra o costume romano de assaltar e saquear as residências dos cardeais na Cidade Eterna durante o período de Sede Vacante.

Novamente se confirmou que se encerrasse o pseudoconcílio de Pisa sem consequências, restabelecendo a paz dentro da Igreja e entre a França e o papado. Em seguida, Leão X indicou que o concílio fosse concluído, pois já não havia mais trabalho a fazer e todos deviam retornar a suas dioceses. Muitos conciliares queixaram-se indicando que ainda havia temas importantes a trabalhar, mas o papa, ao término do cântico do *Te Deum*, se retirou à sua residência. E o V Concílio de Latrão tinha chegado ao fim, e com ele uma oportunidade perdida.

Consequências

O concílio foi encerrado em 16 de março de 1517 sem ter feito diferença alguma nem ter iniciado projeto algum de reforma. Em 31 de outubro deste mesmo ano, Martinho Lutero afixará suas 95 teses na porta da Igreja de Wittenberg.

O V Concílio de Latrão foi um concílio perdido? Foram solucionados temas abertos com a França, anulando os efeitos de um pseudoconcílio em Pisa e de uma sanção pragmática na França. Novamente se confirmou a supremacia do papado sobre o conciliarismo (que aparecera como um fantasma em Pisa), fazendo da autoridade pontifícia o motor central da vida da Igreja.

É evidente que os temas da reforma, que foram apresentados com muita clareza por vários informes e que se tinha pedido, e até suplicado, que fossem afrontados de maneira decidida e urgente, foram pobremente tratados e com resultados tímidos.

O objetivo, tanto de Júlio II quanto de Leão X, era afirmar a autoridade papal sobre qualquer outra, especialmente sobre o concílio, e isto foi alcançado sem sombra de dúvidas. Ademais, conseguiram fortalecer sua posição político-estratégica dentro da Cristandade, desfazendo um problema que poderia ser perigoso com o reino da França. Para eles, o concílio alcançara seus objetivos.

A surdez e a surpreendente irresponsabilidade para ouvir e tratar o tema da reforma fizeram com que esses objetivos alcançados fossem absolutamente ínfimos em comparação à explosão do luteranismo. Como dizem especialistas como De la Brosse, o fato de que o V Concílio de Latrão não tenha sido um concílio de reforma, forçou Trento a ser o concílio da contrarreforma.

Concílio de Trento (1545-1563)

Celebrado em Trento, cidade imperial, foi inaugurado no pontificado do Papa Paulo III (1534-1549), em dezembro de 1545, e teve seguimento durante os pontificados de Júlio III (1550-1555), Marcelo II (1555), Paulo IV (1555-1559) e encerrado no pontificado de Pio V (1560-1565) no dia 4 de dezembro de 1563. É importante destacar que os papas nunca estiveram presentes fisicamente em Trento, sempre atuaram através dos Legados Pontifícios. A figura do Imperador Carlos V (1500-1558) também foi decisiva para a convocação e celebração do concílio. Conciliares: entre 200 e 300 bispos. Temática: matérias de disciplina e reforma da Igreja. Resposta e condenação do luteranismo e outras ramificações do protestantismo.

Antecedentes

Mesmo que em 1517 se tenha encerrado o V Concílio de Latrão, os resultados referentes à reforma da Igreja tinham sido decepcionantes. Todos, à exceção da cúria e do papado, viam a necessidade de fazer uma séria reforma dentro da Igreja. O próprio Lutero, a partir do ano de 1518, um ano após o encerramento do V Concílio Lateranense, pediu a celebração de um concílio geral. À medida que o conflito avançava, e com Lutero já condenado (1529), os príncipes da Germânia ameaçavam convocar um concílio nacional, proposto na Dieta de Nuremberg de 1524. O próprio Imperador Carlos V pressionou Clemente VII para que se convocasse um concílio, mas o medo de uma possível reaparição do conciliarismo retardou a resposta papal. Finalmente, em 1530, por ocasião da coroação imperial em Bolonha, o papa cedeu. No entanto, não será Clemente VII, mas seu sucessor Paulo III (1534-1549) quem começará os trabalhos.

Com a bula *Ad domini gregis curam* de 1536 se convocava um concílio geral em Mântua para discutir os erros luteranos, para devolver a unidade à Igreja e para reformá-la e estabelecer a paz entre os príncipes cristãos. Mas essa convocatória ficou parada por conta da guerra entre Carlos V e Francisco I da França pelo domínio de Milão. O concílio foi adiado para 1537 e depois para 1538. Em maio de 1538 Paulo III decidiu transferir a futura celebração do concílio para a cidade de Vicenza, sob o domínio de Veneza. Mas em 1539 os preparativos ainda não haviam iniciado, e a cidade de Mântua não agradava aos luteranos por estar muito próxima de Roma. Eles queriam se reunir dentro do território imperial.

Entretanto, enviados papais como o Cardeal Contarini tentaram iniciar diálogos com os luteranos com o intuito de evitar maiores rupturas (a proposta era estabelecer colóquios religiosos em vez de um concílio), mas as conversações fracassaram em Ratisbona em 1541. Finalmente, uma vez firmada a paz entre Carlos V e Francisco I em Crépy, em 1544, Paulo III convocou o concílio novamente, desta vez, em Trento. E os preparativos começaram. O papa nomeou três Legados que presidiram o concílio e o representaram: os cardeais Del Monte, Pole e Cervini.

Celebração do concílio

Os nomes dos pontífices (Paulo III, Júlio III, Marcelo II, Paulo IV e Pio IV), assim como o do Imperador Carlos V (imperador desde 1519), já indicados, foram, sem dúvida, protagonistas centrais do concílio. Da mesma forma que legados pontifícios e teólogos como Reginaldo Pole, Crescêncio, Seripando, Simonetta, Morone, Gonzaga e outros deram o melhor de si para fazer de Trento um ponto decisivo e efetivo na reforma da Igreja.

O número de presentes nas sessões foi variado. Levando em consideração os conflitos bélicos tanto por motivo religioso quanto por motivo político que golpeavam a Europa durante o século XVI, é possível entender que nem sempre era seguro e possível para os bispos de diversos lugares chegar a Trento. O concílio foi celebrado em três períodos: de 1545 a 1547, de 1551 a 1552 e de 1562 a 1563.

O início do concílio parecia desanimador. Poucos presentes. Na 1ª sessão havia 4 cardeais (3 legados e o cardeal de Trento), 25 bispos, 5 superiores gerais, cerca de 50 teólogos e de 10 juristas. Os reis e príncipes da Europa estavam enfrentando-se entre si; o papa e o imperador tinham uma relação tensa e o luteranismo tinha dividido ao meio a Igreja germânica e começava a se estender para Flandes, França, Suíça e o leste da Europa... contudo, começava um dos concílios mais importantes da história da Igreja, e a força dos seus debates, a profundidade de suas reflexões, a forma como foram afrontados os duros desafios que estavam à frente, assim com a eficácia de suas resoluções, farão de Trento um concílio que marcará profundamente seu tempo e o futuro, dando raízes sólidas e uma forte identidade à Igreja Católica até a nova reforma do Concílio Vaticano II, que em muitos aspectos continuou os caminhos iniciados na reforma tridentina.

A primeira etapa (1545-1547) constou de dez sessões nas quais foram discutidos os decretos sobre a Sagrada Escritura, sobre o valor da tradição da Igreja, sobre o pecado original, sobre a justificação (um dos temas centrais da doutrina católica) e sobre os sacramentos (especialmente o batismo e a confirmação). Durante a 8ª sessão se aprovou o translado do concílio para Bolonha por um surto de peste na cidade. Em Bolonha se continuou discutindo sobre a Eucaristia, o matrimônio e a unção dos enfermos. O concílio foi suspenso em 1º de fevereiro de 1548.

O Papa Paulo III morreu em novembro de 1549. Seu sucessor, o Papa Júlio III (1550-1555) retomou as sessões. Era a segunda etapa (1550-1555). No dia 1º de maio de 1551, foi inaugurado o segundo período do Concílio de Trento. O número de presentes já era muito maior do que o do primeiro período. Houve, inclusive, uma forte presença dos bispos alemães. O trabalho foi retomado de onde havia parado, continuaram-se as discussões sobre a Eucaristia, concretamente sobre a presença real de Cristo na Eucaristia, e em seguida sobre o Sacramento da Penitência. Em 28 de abril de 1552, o concílio foi descontinuado apesar do protesto de muitos conciliares, esperando retomá-lo assim que a situação internacional estivesse mais tranquila. Durante esse ano a guerra entre o imperador e o príncipe-eleitor Maurício de Saxônia aliado de Francisco, se encontrava em sua fase mais dura. Deve-se lembrar que durante esse segundo período, houve contatos por detrás dos bastidores entre delegações luteranas e católicas para poder permitir que Lutero e seus teólogos se apresentassem ao concílio. Foram dadas todas as garantias de um salvo-conduto válido (todos recordavam Jan Hus), mas não foram aceitas as exigências luteranas de cancelar o juramento de obediência dos bispos ao papa (um fato que recordava o conciliarismo) nem que se suspendesse o concílio e se abrisse um novo debate sobre os temas decretados (uma maneira de desacreditar o trabalho feito e o próprio conciliarismo). As conversações fracassaram.

Em 18 de janeiro de 1562, depois dos pontificados de Marcelo II (1555) e Paulo IV (1555-1559), com o Papa Pio IV (1559-1565), as sessões de Trento foram retomadas. Era a terceira etapa (1562-1563). Durante aqueles anos precedentes, os atores políticos também tinham mudado: o novo imperador era Fernando I, o rei da Espanha era Felipe II, o rei da França era Henrique II e fora firmada a paz universal entre França e a Coroa Hispânica em Cateau-Cambrésis (1559) que permitia inaugurar o período de paz e estabilidade política que o concílio necessitava para poder levar a bom termo suas tarefas.

Neste terceiro período se tratou da reforma do Índice dos livros proibidos, da Eucaristia aos leigos (a comunhão sob duas espécies), do sacramento da ordenação, da doutrina católica sobre o purgatório, da invocação dos santos, da reforma dos religiosos e das indulgências. Também se falou sobre a obrigatoriedade de residência dos bispos, da reforma canônica do clero, da formação antes de serem ordenados, a *cura animarum* por parte dos bispos e sacerdotes... Neste terceiro período merece destaque a figura do Legado Papal, o Cardeal Morone, que salvou o concílio apaziguando as delegações espanhola e francesa. As tensões entre estes dois grupos (mais por motivos políticos que religiosos) esteve a ponto de gerar o rompimento do concílio. A hábil gestão de Morone permitiu superar esta grave crise que teria truncado o terceiro período de Trento, e potencialmente o resultado final de todo o concílio. O concílio foi encerrado em 4 de dezembro de 1563 com a atenção dada ao estado de saúde do Papa Pio IV enfermo em Roma. Foi decretada a formação de uma comissão do concílio que seria a encarregada de publicar os decretos conciliares, cabendo à Santa Sé a autêntica interpretação dos decretos tridentinos (Bula *Benedictus Deus*, de 1564).

Consequências

Por um lado, o Concílio de Trento significou um dos mais grandes esforços legislativos e canônicos da Igreja, por outro, se constituiu como uma grande reforma em todos os campos e realidade eclesiais.

É evidente que a reforma luterana foi um dos fatores que pôs Trento em marcha, e valeria inclusive se perguntar se sem Lutero ele teria existido. Possivelmente não! A reforma católica teria acontecido de outra forma, possivelmente em outro concílio, com outro ritmo e tempo. Já vimos como o V Concílio de Latrão foi uma oportunidade perdida. Portanto, podemos aceitar corretamente que o luteranismo foi um dos motivos de Trento e que marcará seu ritmo e sentido. Contudo, não foi seu motor. O motor foi sempre a reforma católica que respondia, como nos séculos precedentes, aos desafios e perigos de sua época.

Por isto a expressão "Contrarreforma" não é completamente justa, ainda que graças à historiografia protestante tenha conseguido se impor. A realidade é que Trento tem muitos elementos de reforma que não são frutos do luteranismo, mas provêm de séculos de reflexão e atualização da vida e dos costumes da Igreja, assim como do aprofundamento e reflexão teológica da tradição e dos dogmas de fé. No entanto, por outro lado, é evidente que os elementos contra o luteranismo estiveram presentes de maneira muito forte, e que encontramos momentos do concílio e dos pontificados (como o de Paulo IV) que são claramente momentos de contrarreforma, de ataque e respostas diretas contra o luteranismo. Existem momentos do concílio em que simplesmente se age de determinada maneira para se distanciar das reflexões e palavras de Lutero. Isto condicionou temas como o da justificação, e nem sempre com bons resultados.

Trento pôs em marcha a maior reforma de costumes e disciplina da Igreja, e, por sua vez, foi uma grande reflexão e aprofundamento do dogma católico. Trento recolheu os problemas eclesiológicos, disciplinares, teológicos e pastorais que tinham sido detectados nos séculos XV e XVI, e deu a esses uma resposta madura, sólida e clara que guiará a Igreja até o Vaticano II.

CONCÍLIO VATICANO I (1869-1870)

Celebrado na basílica do Vaticano em Roma, foi aberto no pontificado do Papa Pio IX (1846-1878), no dia 8 de dezembro de 1869 e suspenso (não encerrado) em 20 de outubro de 1870. Conciliares: cerca de 670 bispos. Foi celebrado em quatro sessões. Temática: sobre a Fé e a constituição da Igreja.

ANTECEDENTES

Depois de duas tentativas (em 1849 e 1860), finalmente, em 1863 a ideia de celebrar um novo concílio ecumênico tomou forma nos círculos papais. Havia alguns temas importantes a serem tratados, já que o mundo tinha mudado muito desde o século XVI. As mudanças políticas que reconfiguravam a velha Europa (a queda do Antigo Regime), a aparição do liberalismo, a crescente força do anticlericalismo, e um emergente positivismo, sem falar da situação cada vez mais complexa da península itálica e dos movimentos de unificação que podiam colocar em risco a continuidade dos estados pontifícios. Pio IX (1849-1878) enviou uma consulta a vários cardeais que se manifestaram favoráveis à convocação de um novo concílio ecumênico.

A partir de 1865 começaram a se colocar em marcha as diversas comissões preparatórias. Mesmo que esse não fosse o objetivo, o controle da Cúria sobre essas comissões (o objetivo era uma simples questão de eficácia e praticidade) deu a impressão de que o concílio estava muito preparado e quase fechado pela Cúria Romana.

Decidiu-se convocar os bispos titulares e residenciais, os abades gerais e os ministros gerais de todas as ordens religiosas. A novidade do Vaticano I foi a eliminação total de qualquer ingerência civil ou pressões de potências estrangeiras sobre o concílio. Os chefes de estado (reis, imperadores, príncipes e presidentes) foram convidados apenas a assistir ou a enviar delegados para os atos institucionais. E inclusive estes convites apenas buscavam a colaboração e ajuda destes agentes para que o concílio fosse levado a cabo sem problemas. Algumas chancelarias europeias se mostraram preocupadas, pois o concílio assumia um tom muito duro e condenatório contra os "erros do modernismo", fazendo com que alguns se manifestassem por diferentes vias pedindo moderação no Vaticano. Mas estas iniciativas tiveram pouca força e, ao final, não tinham exercido nenhum tipo de influência sobre a liberdade do concílio.

À medida que as comissões preparavam os temas, foram se constituindo dois grupos e várias opiniões sobre algumas temáticas importantes que estavam sobre a mesa. De um lado havia o grupo majoritário que estava a favor da tendência ultramontana segundo a qual se pretendia reforçar ainda mais o papel e as atribuições papais, defendendo a proclamação da infalibilidade papal. De outro, havia a tendência minoritária que era contrária (formada sobretudo por bispos e teólogos das terras germânicas e francesas). Com a bula *Eternes Patris* (29 de junho de 1868) o papa convocava o início do concílio para o dia 8 de dezembro de 1869.

A presença de bispos de todas as regiões do mundo, inclusive com grande representação das terras ditas de missão, fez com que o Concílio Vaticano I fosse realmente um concílio plenamente ecumênico no sentido mais etimológico da palavra. Somente os bispos da Polônia não puderam comparecer por conta da proibição expressa do governo czarista. Dos 700 presentes no concílio, cerca de 250 não eram europeus, sendo o grupo de americanos o maior: 121. E dentro do grupo europeu, por volta de 170 eram italianos, sendo de longe o grupo mais numeroso, seguindo pelo grupo francês (88).

A preparação do concílio foi excelente e de modo que certamente esse foi um dos mais bem preparados da história da Igreja, sem dizer que pela primeira vez o jornalismo fez com que as sessões fossem acompanhadas por milhões de pessoas no mundo todo. Foi o primeiro concílio midiático (pelo menos seguindo os parâmetros da época). E, sem que fosse a intenção, o concílio também se converteu em um acontecimento altamente político, sobretudo pela temática da infalibilidade papal que encontrou como grande opositor político, o chanceler alemão Von Bismarck. Não faltaram diários de publicação (especialmente franceses e alemães) que argumentavam a favor ou contra a possibilidade de que o concílio discutisse sobre a infalibilidade. Sem dúvida os focos estavam voltados para o concílio, já antes que se iniciasse.

Por último, se deve ainda indicar a débil realidade política dos estados pontifícios no momento em que o concílio se iniciaria. Desde o ano de 1849, as tropas francesas de Napoleão III eram as únicas que asseguravam a continuidade dos Estados vaticanos ante as tropas garibaldinas de Vitor Emanuel II (1820-1878) que pretendiam (e tentaram sem êxito, ao menos enquanto os franceses estiveram ali) anexar os territórios papais ao Novo Reino da Itália, criado em 1861 e que era formado por toda a Península Itálica à exceção dos estados pontifícios.

CELEBRAÇÃO DO CONCÍLIO

O concílio foi aberto por Pio IX, que delegou a presidência do mesmo a diversos cardeais. O grupo majoritário dos padres conciliares manifestou uma atitude muito beligerante contra o liberalismo e com afã de dar o golpe definitivo nos movimentos ideológicos que tinham combatido a Igreja com maior ou menor intensidade durante o século XVIII (josefismo, galicismo, realismo e jurisdicionalismo ilustrado). As temáticas a serem tratadas foram estabelecidas: sobre a fé, sobre a disciplina, sobre os religiosos, sobre as missões e as Igrejas orientais. A forte pressão do grupo majoritário, sua quase total ocupação de diferentes cargos dentro da estrutura de organização do concílio e a total conivência com a onipresente Cúria Romana, fizeram com que o grupo minoritário se visse com poucas possibilidades de se fazer escutar, fazendo com que ficasse evidente a sensação de que todo o concílio já tinha sido decidido previamente por estes grupos. De qualquer modo, na sessão na qual se apresentou o esquema a ser tratado sobre os temas da fé (*De doctrina catholica*), frente a surpreendente oposição dos padres conciliares, o documento foi retirado e revisado. Inclusive os que tinham mais suspeitas de um concílio decidido por curiais, perceberam como as coisas estavam mais abertas do que tinham suspeitado.

Enquanto se revisava o documento se trataram outros temas sobre o episcopado, sobre os sínodos, sobre os vigários gerais e sobre um novo catecismo. Também estes projetos encontraram uma inesperada resistência, sobretudo pela eclesiologia sobre o episcopado que tinham subjacente. Ocorreu então que, quando o primeiro período do concílio foi suspenso no dia 22 de fevereiro de 1870 (os bispos deveriam voltar às suas dioceses), o concílio ainda não tinha aprovado nenhum documento. As sessões foram retomadas em 14 de março de 1870. A metodologia do concílio tornou-se mais ágil depois de perceber alguns defeitos durante o primeiro período, os quais tinham retardado muito as discussões. Primeiramente o que se fez foi a apresentação do novo esquema sobre a Fé, que finalmente será aprovado pelos padres conciliares. Será a Constituição Dogmática *Dei Filius* (2 de abril de 1870).

O tema mais importante e polêmico foi o da infalibilidade (debatido pela primeira vez em 25 de março). Os seus defensores iam desde esquema mais radical do ultramontanismo até os tradicionais defensores das ideias belarminianas (do Cardeal Roberto Belarmino, 1542-1621), que defendia que o papa era infalível em temas de fé ou em matérias de costumes quando falava como pastor supremo da Igreja. O grupo contrário era formado majoritariamente por bispos do Império Austro-húngaro, os alemães, aproximadamente a metade dos franceses e um bom número de americanos e orientais. Os bispos italianos de Piemonte também eram contrários.

Com diferentes nuanças, 2/3 dos membros do concílio eram favoráveis à infalibilidade. O debate foi intenso e as duas partes (tanto os que eram favoráveis quanto os que queriam matizar o termo deixando claras as limitações da infalibilidade) tiveram longos debates cheios de propostas e textos variados que buscavam o consenso entre as duas partes. No dia 13 de julho finalmente se votou o texto apresentado pelo relator oficial, Monsenhor Gasser o qual foi aprovado por mais de 2/3 dos conciliares. Em 18 de julho o texto final da Constituição *Pastor aeternus* foi publicado, o qual em quatro capítulos detalha a natureza do primado pontifício, ou seja, um poder episcopal originário e imediato sobre todas as outras Igrejas. Portanto, todos os fiéis e pastores devem obediência e submissão hierárquica à Santa Sé no que diz respeito aos temas de fé e costumes, sobre a disciplina e o governo da Igreja. No quarto capítulo se afirma que o Sumo Pontífice, quando fala *ex cathedra*, ou seja, seguindo seu ofício de pastor e doutor de todos os cristãos, e define uma doutrina em matéria de fé ou de costumes, esta deve ser admitida por toda a Igreja, pois goza da infalibilidade que Cristo concedeu a São Pedro.

Depois da publicação da *Pastor aeternus*, no mesmo dia 18 de julho, muitos padres conciliares partiram de Roma para voltar às suas dioceses. Os bispos foram convocados para continuar o concílio no dia 11 de novembro. Mas, visto que mais de uma centena de bispos tinham ficado em Roma, os trabalhos foram mantidos, ainda que de modo menos intenso. O seguinte documento sobre o qual se começou a trabalhar dizia respeito às missões (visto que a maioria dos bispos que tinha ficado em Roma era das regiões mais distantes); o trabalho seguiu em bom ritmo e durante o mês de agosto se esboçou o documento.

Entrementes, explodira a guerra franco-prussiana (19 de julho de 1870) e entre os dias 4 e 6 de agosto, Napoleão II retirou as tropas que protegiam os estados pontifícios, fato que foi aproveitado pelas tropas italianas para enviar emissários a Pio IX para chegar a um acordo de ocupação pacífica do território, mas o papa não reconhecia o direito que os italianos se atribuíam de ocupar um estado soberano. Em 20 de setembro, depois de ocupar militarmente os Estados Pontifícios, as tropas garibaldinas estavam às portas de Roma. O Estado Pontifício, depois de mais de mil anos de existência, desaparecia sob o domínio italiano. Em 20 de outubro o papa suspendeu o concílio *sine die*.

Consequências

Vários países europeus utilizaram o dogma da infalibilidade papal como repulsivo anticatólico (a Alemanha de Bismarck, o Império Austro-húngaro, a Inglaterra de Gladston...) e na Alemanha um grupo chamado "velhos católicos" renegaram o Vaticano I e se separaram da comunhão da Igreja. Apesar de tudo, a *Dei Filius* foi um documento magistral sobre a harmonia entre fé e razão, e a *Pastor aeternus* deu à Igreja a estrutura final depois da queda do Antigo Regime e a fortaleceu frente às novas tendências liberais e modernistas do momento. As duas constituições aprovadas no Vaticano I marcaram de maneira muito importante a Igreja do século XIX.

Concílio Vaticano II (1962-1965)

Celebrado na Basílica de São Pedro, no Vaticano, foi aberto no pontificado do Papa João XXIII (1958-1963) em 11 de outubro de 1962 e foi fechado em 8 de dezembro de 1965 pelo Papa Paulo VI (1963-1978). Conciliares: 2.450 bispos. Temática: sobre a promoção da Fé e a renovação e adaptação dos costumes e disciplina da Igreja nos tempos modernos.

Antecedentes

No dia 25 de janeiro de 1959, o Papa João XXIII anunciou de maneira surpreendente, na Basílica se São Paulo fora dos muros, três coisas: um sínodo local para a cidade de Roma; sua intenção de convocar um novo concílio ecumênico para toda a Igreja; a revisão do Código de Direito Canônico de 1917. Fazia apenas três meses que ele fora eleito papa (28 de outubro de 1958). É importante dizer que a Cúria Romana recebeu este anúncio com grande perplexidade, já que não fora nem consultada, nem avisada. Talvez por isto, ao menos até o final da 1ª sessão, o partido curial terá ideias e propostas diferentes, tanto sobre o sentido que João XXIII queria dar ao concílio quanto sobre a metodologia de trabalho. O líder deste grupo curial foi o Cardeal Ottovani, Prefeito do Santo Ofício (hoje Congregação para a Doutrina da Fé).

Um dos primeiros temas a ser esclarecido era se esse concílio significava uma continuação do Concílio Vaticano I (suspenso, mas não encerrado por Pio IX em 1870) ou se se deveria convocar um novo concílio. Considerando o novo caráter que João XXIII queria dar ao concílio, se decidiu que se encerraria o Vaticano I (1962) e inauguraria um novo concílio. No mês de maio de 1960, o secretário de estado Tardini começou a preparar o concílio. No mês de junho foi enviado de Roma para todos os bispos do mundo a solicitação para que encaminhassem temas que queria que fossem tratados no concílio (a Cúria preferiria fazer isto de modo diferente, elaborarem eles a lista de temas e depois informar aos bispos). Esta carta também foi enviada aos superiores das ordens religiosas, às universidades e às faculdades, aos ateneus de teologia e às congregações romanas. A partir das respostas recebidas foram criadas dez comissões preparatórias (junho de 1960). Foram criadas também três secretarias, uma para a imprensa, outra administrativa e outra para a unidade dos cristãos (confiada ao Cardeal Bea, grande colaborador de João XXIII).

Apesar de que os trabalhos preparatórios caminhassem bem, o volume proposto de trabalho era imenso e foi inevitável certa lentidão nos ritmos. Não obstante, João XXIII não quis estender mais o tempo de preparação fixando o dia 11 de outubro de 1962 como data de início do concílio. Isto provocou certa surpresa em muitos dos organizadores que viam esta data como prematura. Deve-se lembrar que embora a maioria dos bispos e teólogos, à exceção do partido curial e de alguns setores, tenha acolhido a convocatória com concílio com grande idealismo, esta notícia surpreendeu a todos e, de certo modo, encontrou a todos pouco preparados. Os próprios futuros grandes teólogos do Vaticano II como Yves Congar, De Lubac, Daniélou, Chenu, Rahner e outros, admitiram anos depois que nem eles mesmos estavam preparados para o desafio que lhes era pedido naquele momento.

De fato, os primeiros esquemas que foram preparados (sobre a Revelação, a moral, a liturgia, o depósito da fé, a unidade dos cristãos...) pareceram a todos esboços pouco consistentes e com muitos pontos em aberto, sobretudo por se tratar de temas importantes de doutrina, moral, exegese, sobre os quais se deveria trabalhar com esmero e preparação. Em certo sentido, estes temas não traziam muita profundidade e tampouco novidade, eram textos que se sintonizavam com a tendência da Cúria, já que não apresentavam grandes novidades. Frente a esta situação de confusão, entre os diferentes setores eclesiais, e com a ideia de certo modo um pouco aérea sobre o que deveria ser o concílio, o Papa João XXIII tomou novamente a iniciativa e, a um mês de iniciar o Vaticano II, pronunciou uma mensagem por rádio (*Ecclesia Christi Lumen Gentium*), na qual o Pontífice mostrou os rumos e as finalidades do concílio. Assim, João XXIII novamente ditava o ritmo e o horizonte. O concílio se inaugurava solenemente no dia 11 de outubro de 1962.

CELEBRAÇÃO DO CONCÍLIO

O concílio reuniu o maior número de bispos de toda a história da Igreja, além dos peritos (especialistas nos assuntos que se discutiriam) e ainda teve lugar para os observadores das Igrejas cristãs não católicas que também foram convocadas a comparecer. O papa abriu o período das sessões em 13 de outubro de 1962 com o discurso *Gaudet Mater Ecclesia*, no qual pedia um *aggiornamento*, uma atualização, para toda a Igreja, descortinando horizontes e esperanças que, com idealismo e não sem dificuldades, abririam o caminho durante os debates conciliares.

As primeiras dificuldades apareceram muito cedo, quando começaram as queixas sobre a metodologia de trabalho que a Cúria Romana impusera. As comissões tinham sido organizadas com os membros dos mesmos grupos que tinham preparado os documentos, para assegurar uma rápida aprovação dos mesmos. Mas isso não garantia o discurso aberto e o debate que os padres conciliares queriam. Os cardeais Liénart, Frings e Léger lideraram o grupo que se opôs a este método de trabalho, enquanto ofereciam alternativas que implicavam mais participação dos bispos.

O primeiro esboço sobre o qual se trabalhou foi o da liturgia, que tinha um longo percurso de debates e revisões até ser finalmente aprovado em dezembro de 1963. Mais complicado foi o segundo esquema sobre o qual trabalharam os padres conciliares: sobre as fontes da revelação (*De fontibus revelationis*). Pouco depois se manifestaram as duas opções teológicas que procuravam marcar o tom do concílio. O debate foi intenso e longo e terminou com a decisão do papa de retirar o esquema *De Fontibus* para revisá-lo. A tarefa de revisar o texto seguindo as indicações dos padres conciliares foi posta nas mãos da Comissão Doutrinal, da qual faziam parte tanto Ottaviani quanto Bea e vários cardeais nomeados pelo papa. Esta nova forma de trabalho começou a marcar o novo estilo que configuraria realmente o Vaticano II.

Também se iniciaram os debates sobre os esquemas *De Ecclesia*, onde novamente se chocaram as duas visões eclesiológicas. Entrementes, a saúde do Papa João XXIII piorava. No entanto, o papa continuava apoiando as mudanças e o novo rumo que tomava o concílio. De fato, foi João XXIII quem deu luz verde à proposta do Cardeal Suenens, que marcaria definitivamente o novo estilo do Vaticano II. Suenens propôs um trabalho dividido em duas direções: *ad intra*, referente às questões internas da Igreja, doutrina, disciplina, liturgia, Revelação; e *ad extra*, fazendo referência às relações da Igreja com o mundo, com os cristãos não católicos, com os não cristãos, com a Modernidade, sobre a pastoral, sobre as missões.

De forma paralela às sessões, João XXIII marcava estilo e abria horizontes. As entrevistas com o grande teórico do diálogo cristão-hebraico Jules Isaac foram muito significativas; a entrevista com a filha do dirigente comunista soviético Kruschov; e a publicação da encíclica *Pacem in Terris* durante a crise dos mísseis de Cuba, que o papa ajudou a solucionar.

A morte do Papa João XXIII em 3 de junho de 1963 representou um ponto de interrogação sobre o concílio e seu futuro. O novo papa continuaria os trabalhos conciliares? Seria tudo suspenso? Mudaria o rumo? A eleição de 21 de junho de 1963 de Paulo VI respondeu a todas as perguntas: o concílio continuaria seu trabalho, seguindo a via aberta por João XXIII e por muitos padres conciliares durante o primeiro período. Muitos respiraram aliviados!

Na verdade, as mudanças que Paulo VI implementou, favoreceram ainda mais o diálogo e os debates dentro da sala conciliar, como a criação de um colégio formado por quatro moderadores (Agagianian, Döpfener, Lercaro e Suenens) que deveriam dirigir e facilitar esta nova metodologia de trabalho. Em 19 de setembro de 1963 o papa abria o segundo período do Vaticano II.

Assim se seguiram os debates e discussões, as comissões de trabalho e os esboços que deram à luz quatro constituições: *Sacrosanctum Concilium* (sobre a liturgia), *Lumen Gentium* (sobre a Igreja), *Dei Verbum* (sobre a Revelação e a tradição) e *Gaudium et Spes* (sobre a relação da Igreja com o mundo contemporâneo); nove decretos: *Inter mirifica* (sobre os meios de comunicação), *Unitatis Redintegratio* (sobre a unidade dos cristãos), *Ad Gentes* (sobre a atividade missionária da Igreja), *Presbyterorum Ordinis* (sobre a vida e o ministério sacerdotal), *Apostolicam Actuositatem* (sobre o apostolado dos leigos), *Optatam totius* (sobre a formação sacerdotal), *Perfectae Caritatis* (sobre a vida religiosa), *Christus Dominus* (sobre a função pastoral das bispos), *Orientalium Ecclesiarum* (sobre a relação com as Igrejas orientais católicas); e três declarações: *Dignitatis humanae* (sobre a liberdade religiosa), *Gravissimum Educationis* (sobre a educação cristã), e *Nostra Aetate* (sobre os tempos contemporâneos).

O concílio foi encerrado por Paulo VI no dia 8 de dezembro de 1965. Um dia antes, o patriarca de Constantinopla e o papa suspenderam simultaneamente a mútua excomunhão que durante séculos tinha dividido as Igrejas irmãs. O concílio enviou mensagens ao mundo (aos enfermos, aos artistas, aos cientistas, aos trabalhadores...) nas quais procurava fazer compreender o que a Igreja tinha dito e queria dizer sobre sua função, sentido e espaço dentro do mundo contemporâneo. O Vaticano II tinha concluído o trabalho de fundamentação, agora, seguindo a tradição recebida durante dois milênios, precisava continuar construindo a Igreja de Cristo.

Consequências

O Vaticano II foi um dos grandes concílios ecumênicos dentro da história da Igreja, marcando profundamente seu tempo e o vindouro. Assim como Niceia, Calcedônia, o II Lateranense, Constança ou Trento, deixou uma profunda e forte marca em seu tempo. No Vaticano II os teólogos, os pastoralistas, biblistas, o ecumenismo, os moralistas, os liturgistas... encontraram uma fonte riquíssima para trabalhar e crescer em suas realidades. O mesmo aconteceu com a pastoral, tanto em nível episcopal (as conferências episcopais e os sínodos dos bispos, celebrados com regularidade em Roma, são alguns de seus frutos) quanto sacerdotal (a formação e a espiritualidade dos presbíteros foram muito marcadas pelo Vaticano II); e o que dizer dos Pontífices (o magistério de Paulo VI, de João Paulo II, de Bento XVI ou do Papa Francisco)... tudo está profundamente embebido pelo Vaticano II, que é o farol e o horizonte a partir do qual e sobre o qual caminha a Igreja do século XXI.

Referências

ALBERIGO, G. (org.). *Storia dei concili ecumenici.* Brescia: Queriniana, 1990 [*História dos concílios ecumênicos.* São Paulo: Paulus, 2015].

BUCCI, O. & PIATTI, P. (org.). *Storia dei concili ecumenici.* Roma: Città Nuova, 2014.

HUGUES, P.E. *The Church in crisis:* A History of the General Councils. Nova York: Image Books, 1964.

JEDIN, H. *Breve historia de los concilios.* Barcelona: Herder, 1963.

TANNER, N. *The Councils of the Church.* Nova York: Crossroad Publishing Company, 1990.

CULTURAL

Administração
Antropologia
Biografias
Comunicação
Dinâmicas e Jogos
Ecologia e Meio Ambiente
Educação e Pedagogia
Filosofia
História
Letras e Literatura
Obras de referência
Política
Psicologia
Saúde e Nutrição
Serviço Social e Trabalho
Sociologia

CATEQUÉTICO PASTORAL

Catequese
Geral
Crisma
Primeira Eucaristia

Pastoral
Geral
Sacramental
Familiar
Social
Ensino Religioso Escolar

TEOLÓGICO ESPIRITUAL

Biografias
Devocionários
Espiritualidade e Mística
Espiritualidade Mariana
Franciscanismo
Autoconhecimento
Liturgia
Obras de referência
Sagrada Escritura e Livros Apócrifos

Teologia
Bíblica
Histórica
Prática
Sistemática

REVISTAS

Concilium
Estudos Bíblicos
Grande Sinal
REB (Revista Eclesiástica Brasileira)

VOZES NOBILIS

Uma linha editorial especial, com importantes autores, alto valor agregado e qualidade superior.

VOZES DE BOLSO

Obras clássicas de Ciências Humanas em formato de bolso.

PRODUTOS SAZONAIS

Folhinha do Sagrado Coração de Jesus
Calendário de mesa do Sagrado Coração de Jesus
Agenda do Sagrado Coração de Jesus
Almanaque Santo Antônio
Agendinha
Diário Vozes
Meditações para o dia a dia
Encontro diário com Deus
Guia Litúrgico

CADASTRE-SE
www.vozes.com.br

EDITORA VOZES LTDA.
Rua Frei Luís, 100 – Centro – Cep 25689-900 – Petrópolis, RJ
Tel.: (24) 2233-9000 – Fax: (24) 2231-4676 – E-mail: vendas@vozes.com.br

UNIDADES NO BRASIL: Belo Horizonte, MG – Brasília, DF – Campinas, SP – Cuiabá, MT
Curitiba, PR – Fortaleza, CE – Goiânia, GO – Juiz de Fora, MG
Manaus, AM – Petrópolis, RJ – Porto Alegre, RS – Recife, PE – Rio de Janeiro, RJ
Salvador, BA – São Paulo, SP